金梧桐

魔力数学 2

宋君 张艺 刘婵 著

运算转化

中原出版传媒集团
中原传媒股份公司

大象出版社
·郑州·

图书在版编目(CIP)数据

魔力数学. 运算 转化 / 宋君, 张艺, 刘婵著.
郑州 : 大象出版社, 2024. 7. — ISBN 978-7-5711-2265-2

Ⅰ. G624. 503

中国国家版本馆 CIP 数据核字第 2024MC6330 号

MOLI SHUXUE

魔力数学

——运算 转化

宋 君 张 艺 刘 婵 著

出 版 人 汪林中
责任编辑 梁金蓝
责任校对 安德华
装帧设计 付锬锬
部分插图 一碗面工作室

出版发行 大象出版社(郑州市郑东新区祥盛街 27 号 邮政编码 450016)
发行科 0371-63863551 总编室 0371-65597936
网 址 www. daxiang. cn
印 刷 新乡市豫北印务有限公司
经 销 各地新华书店经销
开 本 720 mm×1020 mm 1/16
印 张 10. 5
字 数 85 千字
版 次 2024 年 7 月第 1 版 2024 年 7 月第 1 次印刷
定 价 35. 00 元

印厂地址 新乡县经济开发区富兴路东段
邮政编码 453000 电话 0373-5635065

嗨，我是“藏不住秘密”的淘淘国王，称霸数学界是我的目标，而且我在《魔力数学》中很快找到了称霸的秘籍，想知道是什么吗？嘿嘿，快来加入我的战队，一起在阅读中寻找吧！

鹤立鸡群是我的标签，自信严谨是我的优势，压轴亮相是我的出场方式，我就是淘淘数学称霸路上的拦路石——“数学小诸葛”乐乐大人。

大家好！我是可爱的飞飞。老师说学好数学能让我的思维更开阔，能让我变得越来越聪明。老师说得一定没错！

你好，我是花花，悄悄地告诉你，同学们私下里都说我是“十万个为什么”，我觉得学无止境，不懂就要问嘛，嘻嘻！谁也阻挡不了我成为“数学花仙子”的脚步！

数学阅读，为我们打开一扇窗

提到阅读，人们通常想到的是语文阅读，很少将阅读与数学联系在一起。可见，数学阅读是被忽视的。因此，在落实核心素养的今天，重视数学阅读，具有重要意义。

我的教学主张是智慧数学。我始终认为：使学生获得终身发展的数学就是智慧数学。数学本身是一门智慧之学，而数学阅读是开启学生智慧的一把金钥匙，可以促进思维发展，提升思维品质。

本套丛书以核心素养为背景，将数学基础知识、基本技能、基本思想、基本活动经验融入故事、游戏、活动中。书中的故事充满童趣，与学生生活实际紧密结合，让我们体会到数学的广泛应用，分享到数学智慧阅读的快乐与愉悦。通过本套丛书的阅读，小朋友们能够增长智慧，数学会变得“好玩”，真正让孩子们在阅读中学习，在运用中提高。本套丛书有如下特点：

一、是目前少有的专门针对小学生的数学课外读物

在数学课外阅读书籍中，本套丛书是少有的贴近学生实际、非常适合12岁之前开展数学阅读的读物。

数学阅读研究得到北京师范大学刘坚教授、福建省特级教师王永老师、新世纪小学数学教材编写团队王明明老师等国内中小学数学专家的肯定，还得到了华人数学家蔡金法教授为期三年的跟踪与指导。

二、与学生的现实生活紧密联系

本套丛书注重从现实生活中提炼阅读素材，通过阅读、思考、表达促进学生在真实的世界中感受数学的价值。从生活的世界入手阅读，通过思维的深加工，不断抽象为数学的模型，解决生活中的实际问题，从而提升学生的数学素养。

同时，本套丛书是我在坚持 20 多年的实践研究中，在撰写的 300 余篇（约 16 万字）的学生阅读资源中，修改、完善、提炼，逐渐成为学生最喜欢的、独具特色的数学课外阅读读物。

三、重在培养学生的阅读能力、思考能力和表达能力

学生核心素养的终极目标是：培养学生应具备的适应个人终身发展和社会发展需要的正确价值观、必备品格和关键能力，而关键能力就是阅读能力、思考能力和表达能力。

2022 年 4 月，《义务教育数学课程标准（2022 年版）》发布，数学核心素养构成简称“三会”，即会用数学的眼光观察现实世界，会用数学的思维思考现实世界，会用数学的语言表达现实世界，而《魔力数学》正是以“故事分享”“思考分析”“拓展思路”“答案提示”“智慧提升”板块加以呈现。故事分享板块，旨在让学生通过阅读培养其阅读能力；思考分析板块，是让学生通过阅读，学会用数学的头脑进行思考、分析和推理，无形中培养其思考能力；拓展思路板块，提升学生的思维能力，促进数学素养的达成；答

案提示板块，在学生解决问题有困难时给其一把扶梯，使他们跳一跳能够得着；智慧提升板块，是让学生跳出数学来看待问题，会有新的发现和见识。

四、将数学基本知识、技能与数学思想融入故事、游戏、活动中

故事是孩子们最喜欢的，而本套丛书将数学融入故事中，采用故事叙述的方式呈现阅读内容，极大地调动了学生阅读的兴趣，使学生在不知不觉中爱上阅读，善于阅读，发展其核心素养。

在数学故事的阅读中，将数学故事情境还给学生，鼓励他们积极思考，从而获得知识技能、数学思考、问题解决、情感态度的全面发展。数学阅读故事的展开过程就是学生积极思考的过程。在数学阅读的过程中，兴趣能够引发学生思考，学生通过独立思考，不断“建立模型—解释应用”。

五、指导学生形成高观点背景下的深入思考

我们读这套丛书不仅仅是阅读故事，更是对数学问题进行深入思考。尤其是智慧提升板块，非常注重对故事背后的解决策略、数学思想等及时进行归纳和提升，促进学生对数学的本质有一定理解。

这种提升和发展，能够促进学生不仅仅在故事中捕捉有效的数学信息，更对形成高观点下的深入思考有着积极作用。

宋　君

目录

城堡建筑师

故事分享

参观了丹麦的城堡后，回到宾馆，每个小朋友都兴高采烈地用五彩的石头搭建起了自己的城堡！淘淘、乐乐、飞飞、强强、花花也忙活得热火朝天！不一会儿，一座座城堡就完工了，有欧式的公主城堡，有埃及金字塔风格的华丽城堡，有站满守卫士兵的庄严城堡……漂亮极了！孩子们向大家介绍着自己的作品，开心得都绷不住嘴了！每一个作品展示后都迎来了一阵阵的欢呼声。“淘淘的城堡好高！”“乐乐的城堡高！”“花花的城堡也很高呢！”同学们传来一阵阵的议论声。

到底谁的作品高呢？淘淘灵机一动，提议道：“不如我们来量一量吧！”同学们纷纷点头同意。强强量了量，说：“我的城堡和我的腿一样高了，淘淘的城堡刚刚过老师的膝盖，我的比淘淘的城堡高。”乐乐赶快站出来主持公道：“不能这么量，老师本来就比我们高，我们得和同一个人的身高作比较。”淘淘神神秘秘地拿出了一把尺子，说：“同学们，快看！我们可以用尺子来量。”

思考分析

在测量前，我们可以先大概估一估，有些城堡一眼就能看出高低。

乐乐提议：要和同一个人的身高作比较来测量，也很有道理呢！用同样的标准去比较，就像我们都用强强的身高去测量城堡的高度，那我们就把强强的身高作为“一把尺子”。

当然，使用我们数学上经常用到的尺子是最标准的方法了。

学生经常用到的尺子是厘米刻度尺。尺子上有刻度值和刻度线。其中三种长度不同的竖线都叫刻度线，数字是从小到大排列的，0 刻度标志着开始。在测量时，我们要把尺子的 0 刻度对准纸条左端，再看纸条右端对准几，就可以了。

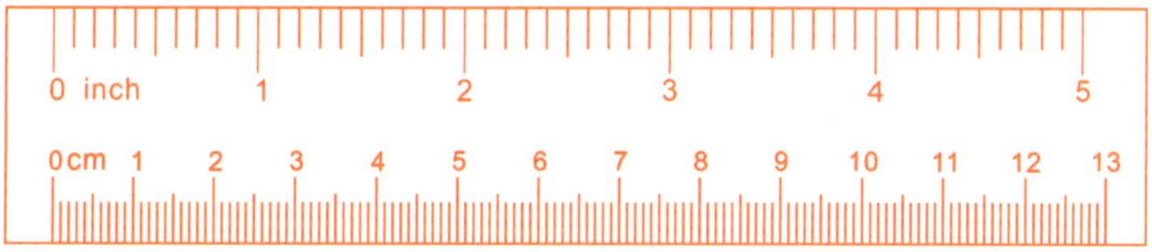

拓展思路

在生活中，你还见过哪些尺子？请你想一想。

答案提示

尺子种类介绍：

蛇形尺：专门用来画曲线的尺子。

三角尺：直角三角形或等腰三角形的尺子，方便画平行线或垂线。

计算尺：一种计算工具。

软尺：常常用来量度身体各部位尺寸。

拉尺：用来量度建筑物、家具等。

游标卡尺：一种被广泛应用的高精度测量工具。

软尺

游标卡尺

智慧提升

我们在使用尺子测量的时候，可以记着这样一首儿歌：

小朋友，要记牢，

量物体，要放平。

用直尺，量物体，

左端要和零对齐，

右端指向刻度几，

物体就是几厘米。

新龟兔赛跑

故事分享

淘淘和乐乐都是很有爱心的小朋友，都喜欢小动物。淘淘养了一只小乌龟，这让他开心得不得了，走到哪儿都想向大家炫耀自己的乌龟宝宝。乐乐养了一只小兔子，雪白雪白的，可爱极了。有一天，淘淘和乐乐在一起玩耍，乐乐问："淘淘，你看我们的小兔子、小乌龟，多可爱呀！"淘淘连连点头。乐乐继续说道："你听说过龟兔赛跑的故事吗？"

于是，两个人准备开始新一轮的龟兔赛跑。乐乐的小兔子在乐乐的鼓励下战胜了淘淘的小乌

龟。淘淘可是个不服输的孩子。那天以后，淘淘就经常锻炼自己的小乌龟跑步。一天又一天，从不间断。乐乐也不是个骄傲的孩子，他也会偶尔陪着小兔子练习。

一个月以后，淘淘兴奋地给乐乐打电话：“乐乐，乐乐，我的小乌龟现在 1 分钟可以跑 100 啦！”乐乐惊呆了：“真的吗？你的小乌龟太厉害了，我的小兔子 1 分钟最多也就跑 60 米啊。”

这一天，淘淘和乐乐又约定了一场龟兔赛跑。结果，小兔子还是胜利了！聪明的小朋友们，你们知道这是为什么吗？

思考分析

我们都知道，兔子应该比乌龟跑得快。但是，经过刻苦练习后，乌龟 1 分钟可以跑 100，而兔子只能跑几十米，这是什么原因呢？细心的小朋友会发现，100 后面没有单位，100 分米也就是 10 米，当然兔子赢了。

拓展思路

在比较长度大小时，我们不仅要看数据的大小，还要关注数据的单位是否一致。比较长度是这样的，那比较面积大小呢？比较体积呢？

答案提示

同样，我们在比较面积、体积的大小时，也应该注意单位一致，这样才便于比较。

智慧提升

比较大小不同的物体时，我们不仅要**比较数据的大小**，更要关注数据后面的**单位是否一致**。

身体的特异功能

故事分享

一天，刚刚下过雨，空气清新，当然，土地也很松软。

乐乐正在凉亭里安安静静地看书，享受着美好的天气。“啪”，有人拍了乐乐的肩膀，紧随而来的是好朋友们的欢声笑语。原来淘淘、飞飞、强强、花花都来了，好朋友们你一言，我一语，开心极了。乐乐问：“刚刚是谁拍了我呀？”只见好朋友们都捂嘴偷偷地笑，没有人说话！

乐乐环顾四周，突然在身后的地上看到了一个大约20厘米长的脚印，于是，他坚定地说：“我知道了，一定是强强，刚才是强强拍的我。”小伙伴们都惊呆了，诧异地问：“乐乐，你是怎么知道的呀？”乐乐卖起了关子，故弄玄虚地说：“哈哈，这还不容易，因为我是超人，我有特异功能。”

思考分析

乐乐太厉害了，居然有特异功能。小朋友们，乐乐真的是超人吗？为什么乐乐在看到脚印后就知道是强强了呢？乐乐的分析判断会不会和脚印的大小有关系呢？

乐乐看到了一个大约20厘米长的脚印，所以断定是强强拍了自己的肩膀，这是因为人体中藏着许多秘密。**人的身高是脚长的7倍左右。**拥有20厘米脚长的人，身高应该是140厘米左右，而在乐乐的好朋友中，其他小朋友都和乐乐一样只有120厘米左右，只有强强最高。所以，乐乐断定是强强拍了自己的肩膀。

拓展思路

脚印的大小和人的身高有关系。乐乐在看到身后的地上脚印大小时，应该也注意到了脚印的深浅。脚印的深浅和人的体重也有关系。体重和身高有关系吗？其实，早就有科学家研究出了人体身高和体重的关系：**身高－体重＝105（男性），身高－体重＝100（女性），**其中身高的单位是厘米，体重的单位是千克。

人体中还有许许多多奥秘呢！你还了解人体中的哪些秘密？

答案提示

1. 将拳头滚一周，它的长度和脚的长度差不多。

2. 人的身高和双臂平伸的长度差不多。

3. 人的体重大概是身体里血液重量的 13 倍。

4. 成年男子的肩宽大约是头长的 2 倍。

5. 胎儿的身高大约是头部长度的 2 倍。

6. 婴儿的身高大约是头部长度的 4 倍。

7. 成年人的身高大约是头部长度的 7 倍。

8. 二年级的淘淘一步长约 50 厘米，他可以用步数测量家到学校的距离。

9. 小朋友两手环抱的长度大约等于自己的身高。

智慧提升

原来利用人的身高是脚长的 7 倍，就可以让自己拥有“特异功能”！人体中的这个秘密实在太了不起啦！让我们利用身体的秘密解决生活中的问题吧。

谁长谁短

故事分享

在日常的生活中，我们都会遇到比长短的问题。这一天，淘淘、乐乐、飞飞和花花几人就准备来场比赛。

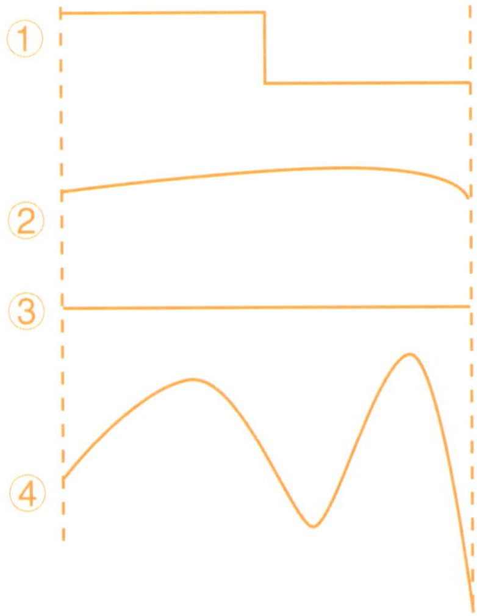

淘淘先在作业本上画出了这样的一幅图（如左图）：

“这是我在观察几个动物爬行时留下的足迹，请大家看一看，哪个动物爬行得最长？哪个动物爬行得最短?”淘淘边说边画。

思考分析

③是最短的，我们用眼睛看就知道，①②④都比③长，但④是最长的。我们还可以拿一根棉线来量一量，就能知道长短。

拓展思路

飞飞说：“我这里有一个这样的题目，大家来看一看。”

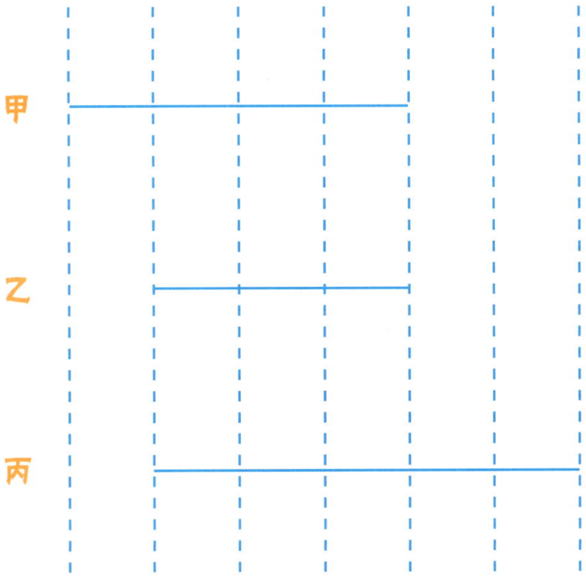

“哪条线长？哪条线短呢?”飞飞问道。

答案提示

1. 我们可以数格子。甲占了 4 格，乙占了 3 格，丙占了 5 格，所以，____ 最短，____ 最长。

2. 甲和乙终点是一样的，我们就知道甲比乙长，乙和丙起点是一样的，我们知道了丙长，最后比较甲和丙即可。要比较甲和丙，我们可以数格子，甲一共 4 格，丙一共 5 格，所以 ____ 长。

3. 比较甲和丙，我们也可以不数格子，看图直接比较。一共 6 格，甲有两个剩余的格子，而丙仅剩 1 个格子，所以 ____ 长。

智慧提升

比较长短，我们可以从多种角度思考，找到合适的方法才能正确比较出结果。看来，我们在学习中真的需要用心思考，这样才能学有所获。同学们不要仅限于一种方法，要开动脑筋找出最快、最简单的方法。

有多少小朋友

故事分享

星期六的下午，乐乐来到淘淘家里，准备和淘淘一起出去玩。在等电梯的过程中，他们从楼上看到幸福小区的广场有好多人，于是还没有想好要去哪里玩的两人决定去广场上看一看。

原来，是附近的一家幼儿园开园了，他们在这里做活动，吸引了一大群孩子和家长围观。淘淘与乐乐来到的时候，幼儿园的老师们正带领着一群小朋友做游戏。跟着音乐的节奏，在老师们的指导下，小朋友们玩得可开心啦！他们在铺有道具绳梯的地上学小狗爬，还学螃蟹走路，学青蛙跳，做各种游戏。淘淘和乐乐也被吸引住了，觉得非常有趣。这时，淘淘对乐乐说："你注意到没有，地上有两个一模一样的绳梯，它们的格子数、格子大小都是一样的，那为什么老师一吹哨集合的时候，右边玩游戏的那一组老是赢呢？"乐乐听完，很肯定地说："那当然啦，右边的那一组都是大一点儿的孩子，他们个子高，跑得快，每次游戏当然都是他们赢。""这可不是关键哦，虽然个子高、跑得快确实占了一点儿便宜，但是老师一直根据音乐控制他们上绳梯的节奏。也就是说，两边的人，无论快慢，他们的人数都是一个一个进入的。等一个人完成之后，下一个人才会被允许进入。其实，如果你认真观察的话，会发现他们的人数在变化哦！"淘淘神秘地说，他们的人数并不是不变的呀！

"我发现，由于四周都围满了人，尤其是小朋友们都站在绳梯两边，所以很多人都没有注意人数问题。在玩学螃蟹走路游戏的时候，右边的小队有3个小朋友本来不在队列，但是他们也排队进入绳梯了，在学螃蟹走路完成之后，有1个小朋友离开了队伍，也就是说，他们的人数是在减少。而左边的小队，仅仅只有1个小朋友离开了队伍。在最后的游戏中，他们玩了一个老鼠钻洞的游戏，我发现，其实两边的人数还是一样多的，和绳梯的格子数是一致的呢。”淘淘得意地说道。乐乐看着绳梯，仔细数一数，发现一个绳梯共有15个格子。那么，游戏开始之前，两边的小朋友各有多少人呢？

思考分析

最后的游戏环节，玩游戏的人数，即两个队伍的人数都是和绳梯的格子一一对应的，所以应该都是15人。依次向前推理，在玩游戏的过程中，右边的队伍有人加入，也有人离开，那么，他们之前的人数应该是 $15+1-3=13$（人）。而左边的队伍仅有

1 人离开队伍，所以原来的人数是 15 + 1 = 16（人）。

拓展思路

如果比赛后两支队伍都是 15 人，比赛过程中，左边的队伍有 4 人加入，5 人离开，右边的队伍有 3 人加入，4 人离开。那么比赛前两边的人数哪个多呢？

答案提示

我们可以这样进行思考：

左边的队伍：15 +（5 − 4）= 16（人），左边队伍原来有 16 人；

右边的队伍：15 +（4 − 3）= 16（人），右边队伍原来有 16 人。

所以，最终两边的人数一样多。

我们还可以这样思考：

左边的队伍有 4 人加入，5 人离开，也就是一共有 ____ 人离开；右边的队伍有 3 人加入，4 人离开，也就是一共有 ____ 人离开。比赛结束后队伍两边都是 15 人，所以，比赛前两边的人数也是一样多，都是 ____ 人。

智慧提升

还原法是一种重要的解决问题的方法。我们不知道原来的队伍有多少人，在玩游戏的过程中，我们知道了有多少人加入，又有多少人离开，也知道了最终的队伍人数。根据这些信息，我们不难倒推出原来队伍的人数。这样的倒推，其实就是用还原法解决问题。

停车场

故事分享

晚上，聪聪写完数学作业，妈妈认真检查后发现没有一道错题，在聪聪的小脸蛋儿上亲了又亲，答应送给他一架玩具飞机。聪聪开心地蹦蹦跳跳，说："妈妈，我们现在就去买飞机吧。"妈妈毫不犹豫就答应了。他们开车去了超市。走到停车场，可惜只有42个车位，全部停满。没办法，只好等喽。不一会儿，进口处的车就排起队了，管理员叔叔说："都排9辆车了，等会儿吧。"妈妈和聪聪聊着天，耐心等待。3分钟后，出口处也排起了长龙，共有15辆车要走。妈妈说："聪聪，请你帮管理员叔叔算一下：停车场车的数量将会比之前多还是少？”

思考分析

聪聪说：“有 42 个车位，要来 9 辆，要走 15 辆，需要算出停车场将会有多少辆车。”妈妈夸聪聪：“问题分析得很准确，请认真口算哦！”聪聪心中默念：$42-15=27$，$27+9=36$，$36<42$。“哈哈，我算出来了，停车场车的数量将会比之前少！”妈妈赞许地点点头。

拓展思路

“聪聪，你对问题的分析既清晰又准确，计算也很正确，就是算得有些慢了。请你再想一想，有没有更简便、更快速的方法呢？”听到妈妈的话，聪聪的小脑瓜儿转得更快了。

答案提示

“停车场有 42 个车位，这个是不变的，要走 15 辆车，要来 9 辆车，只要比较一下走的车的数量和来的车的数量就可以啦！妈妈，我说得对不对?”妈妈开心地亲了聪聪好几下：“儿子，你真是太聪明啦！就是这样比较的。”“那就太简单啦，来的车比走的车数量少，所以剩余的车辆就少了呗。”小朋友，聪聪的简便方法，你明白了吗?

智慧提升

计算可以解决很多生活中的实际问题。所以，我们一定要认真分析数学信息和数学问题，并且认真思考，中间有很多小窍门等着你发现呢！

购物达人

故事分享

自从上了小学，淘淘就成了购物小达人。你知道为什么吗？因为淘淘很喜欢学习，而且他把学到的数学知识应用于生活中，变得越来越聪明。

你瞧，这天，淘淘和妈妈一起来到百货大楼。为了让淘淘能够更好地学习，妈妈准备为淘淘添置一盏台灯。妈妈同时看中了三盏台灯，不知道该如何选择。妈妈来到第一盏青蛙小台灯前，爱不释手，坚定地对淘淘说："就这个吧！这一盏台灯48元，快想想我们可以怎样付钱。"于是，淘淘想到有50元、20元、10元、5元、1元等人民币：

“妈妈，我们可以这样付钱……”

淘淘一会儿就帮妈妈想出来要怎样付钱了。如果你也有一个这么爱购物的妈妈，你能像淘淘一样帮妈妈想出来吗？快去试试吧！

思考分析

付钱的方式有很多种，但是我们要先考虑有多少种面值的人民币。青蛙小台灯：48 元。我们可以给 2 张 20 元，1 张 5 元，3 张 1 元。当然还有不同的付款方式，你也试一试吧！

拓展思路

这时，妈妈又指着另外两盏台灯，说：“哇！这两盏台灯也很漂亮，可以给我和你爸爸各买一盏！看，一盏牵牛花台灯 15 元，一盏小熊台灯 45 元，如果我们买这两盏需要多少钱呢？淘淘，快想想我们这次要怎么付钱。”

同学们，你们知道如何付钱吗？请拿出人民币试一试。

答案提示

牵牛花台灯＋小熊台灯：____________________。我们可以付 1 张 ____ 元和 1 张 ____ 元。

答案不唯一，答对即可。

智慧提升

人民币有不同的面值，在付钱或者找钱的时候，我们必须考虑清楚都有哪些面值的人民币，需要用到什么面值的。这样，你就可以成为真正的购物达人啦！

还剩几个角

故事分享

上完手工课，淘淘还剩下一张彩纸没有用完，坐在一旁的乐乐对淘淘说："淘淘，问你个问题吧。"淘淘说："没有能难倒我的问题，尽管放马过来吧！""这张彩纸有几个角？""这个问题还不简单，这张彩纸是正方形的，当然有四个角了。""那如果剪去一个角，请问还剩几个角？""这还用说，4 − 1 = 3，当然还剩三个角了。"淘淘脱口而出，可话音刚落就看到乐乐露出了莫名的笑容，这才意识到自己上当了，立刻反悔道："不算不算，让我再想想。"这次他用手在纸上比画了一下，又认真数了数，最后才肯定地说：“从正方形上剪去一个角，可能还剩三个角，可能还剩四个角，也可能还剩五个角，我说得对吗?”乐乐向他竖起了大拇指：“不错嘛，这么快就反应过来了。”淘淘轻轻舒了一口气，心里暗暗地想：“幸亏我反应快，以后我可不能再上你小子的当了。”

思考分析

从正方形上剪去一个角，有三种不同的剪法，剪法不同，所剩的角也不一样。

第一种剪法： 这样剪还剩三个角，这也是我们最容易想到的答案。

第二种剪法： 这样剪还剩四个角。

第三种剪法： 这样剪还剩五个角。

拓展思路

如果从一个五边形上剪去一个角还剩几个角呢？动手试一试吧。

答案提示

从一个五边形上剪去一个角，也有三种可能：

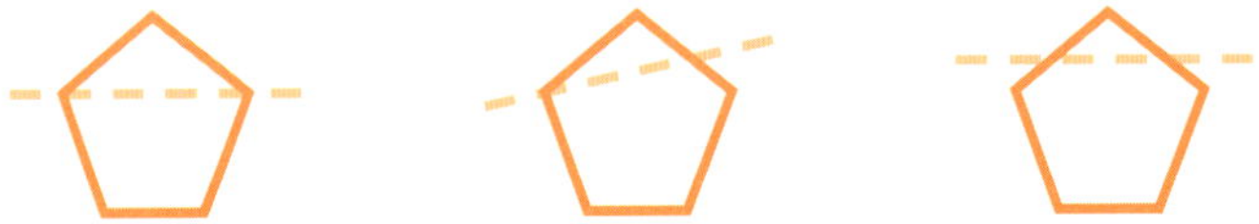

还剩 ____ 个角　　还剩 ____ 个角　　还剩 ____ 个角

智慧提升

从四边形上剪去一个角，可能还剩三个角、四个角或五个角；从五边形上剪去一个角，可能还剩四个角、五个角或六个角。从这两个例子中我们会发现一种规律，我们可以大胆推测：从任意多边形上剪去一个角，答案都有三种可能，分别是比多边形原来的角少一个、和原来的角相等、比原来的角多一个。比如从六边形上剪去一个角，那么就可能还剩五个角、六个角或七个角。请你也找一个多边形试一试吧！

小猪变变变

故事分享

前两天的火柴棒游戏让飞飞、乐乐和花花大开眼界，花花在课余时间也积极进行了研究。

这天，她利用课间时间叫淘淘、乐乐、飞飞来到教室。花花迫不及待地说："我这几天研究发现：用火柴棒摆成的数字可以添 1 根变成一个新的数字，比如，数字 3 添 1 根变成了 9。"（图 1）

"我们还可以去掉 1 根火柴棒（图 2），或者移动 1 根火柴棒（图 3），都可以变成不同的数字。"说着，花花就开始用火柴棒摆起来。摆成了如下的数字。

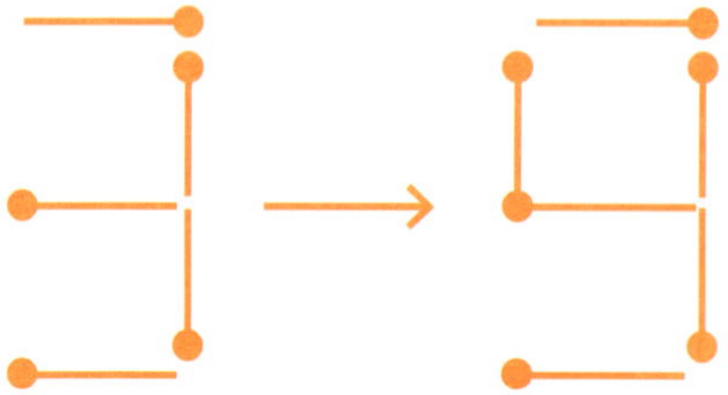

图1

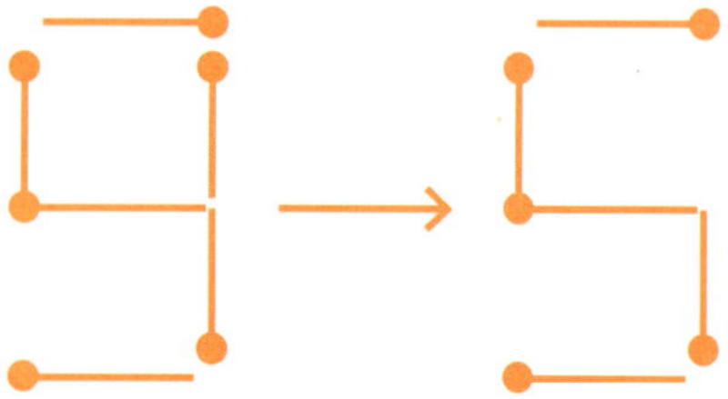

图2

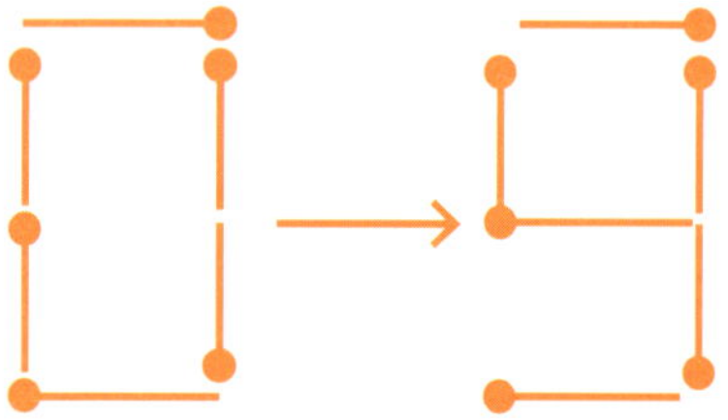

图3

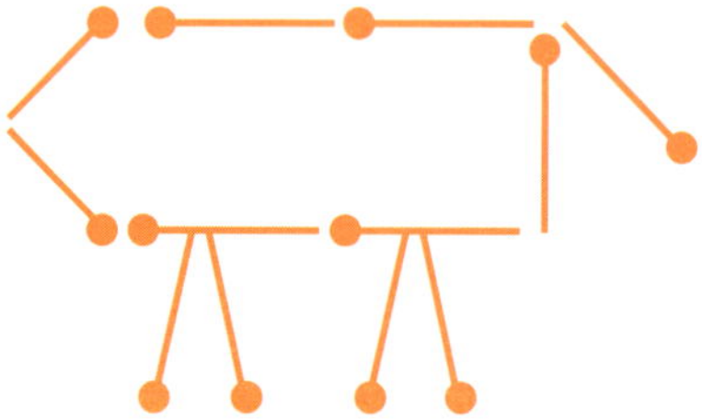

图4

“花花不简单哦！几日不见当刮目相看！”淘淘深有感触地说。

“是的！特别佩服！”飞飞说，“其实，火柴棒有很多种玩法，我们还可以用火柴棒摆成小动物，一起来看一看吧！”原来，在花花介绍火柴棒游戏的时候，飞飞摆出了一只小猪。（图4）

乐乐说：“我数了一下，这只小猪一共用了12根火柴棒。”

“乐乐，你的动作可真快！”淘淘边说边对乐乐说：“你想问什么呢？”

乐乐笑了笑说：“至少移动几根火柴棒，小猪才能向相反的方向呢？”

“这……让我想一想。”花花挠了挠头说。

“这个其实很简单，我们可以动手试一试。”乐乐说。

思考分析

“其实动1根火柴棒就可以了，因为我们观察到身子和腿前后没有什么变化，只是尾巴和头有区别，我们只需要将头下面的火柴棒从左面移到右面即可。”（图5）

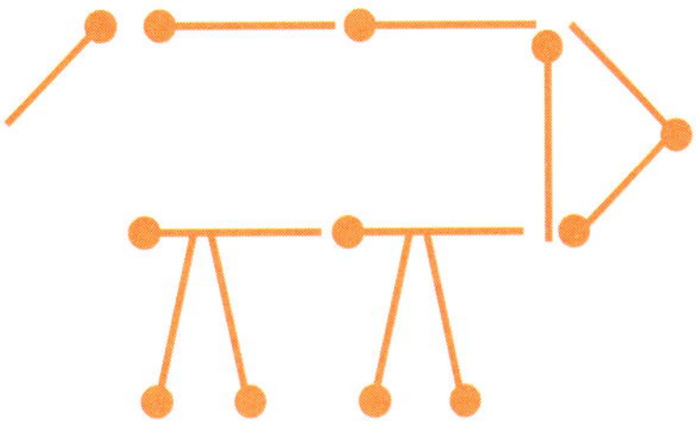

图5

“哦！原来是这样呀！火柴棒游戏真奇妙！”花花高兴地说。

拓展思路

淘淘说：“我这里也有一个类似的题目，我都想了很长时间了，大家一起来看一看。这是由 12 根火柴棒拼成的 3 个正方形，你能只移动 3 根火柴棒，变成 5 个正方形吗？请大家想一想。”

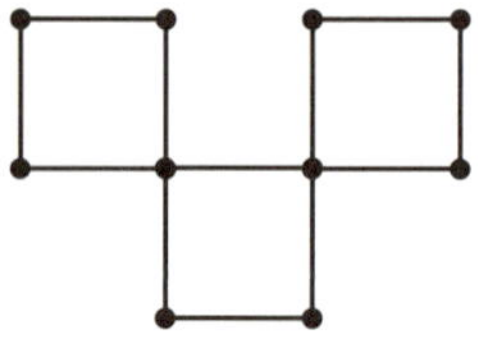

图 6

答案提示

大家思索了很长时间都没有头绪。这时，不知道什么时候来到他们身边的宋老师说：“其实，大家仔细想想，5 个正方形是什么样子呀？能不能找到答案呢？”

“哦！我知道了，也就是把左边的正方形拆出 3 根拼在相应的位置上。”飞飞说出了自己的想法。你还有其他的方法吗？

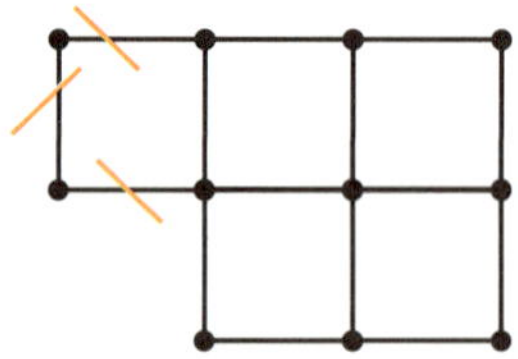

图 7

“对！还是飞飞厉害！”淘淘说道。

“好了！已经开始上数学课了，我们准备上课！”宋老师说，“希望同学们课下继续探索，走进有趣的数学世界，感受数学的美妙。”

智慧提升

火柴棒游戏很有趣，和我们的生活密切相关，只要大家有一双善于发现的眼睛就能找出其中的奥秘，就会感受到数学的乐趣。让我们一起带着数学的思维去创造我们自己的游戏。

跳格子

故事分享

周末，淘淘、乐乐、飞飞在一起玩跳格子游戏。他们在跳格子，每个格子里面有不同的数，如右图所示：

20	15	30
12	16	14
25	32	24
49	64	63
24	48	81
72	27	36
18	40	32
21	35	8
乐乐	淘淘	飞飞

游戏规则是：学生从下面往上走，先掷骰子，必须掷出6才能走；然后再掷一次，掷出几向前跳几格；跳到格子中，要说出相对应的乘法口诀，说对了可以继续掷

骰子前进，说错了就回到原点重新开始。

第一次跳格子：淘淘站在 48 这个格子中，乐乐站在 72 这个格子中。你能说出他们跳格子的过程吗？

思考分析

根据游戏规则，掷出 6 才能前进，再掷出几就向前跳几格，所以，这可难不倒小朋友们！

淘淘先掷出 6，再掷出 4，跳到 48 这个格子中，口诀：六八四十八。

乐乐先掷出 6，再掷出 3，跳到 72 这个格子中，口诀：八九七十二。

拓展思路

嗯，淘淘和乐乐都跳过格子了，可是飞飞呢？他俩回头一看，飞飞还站在原地没动，这是怎么回事呢？

答案提示

根据游戏规则：没有掷出6，要在原地；说错口诀，要返回原地。所以呢，飞飞可能有两种情况：一、掷骰子没有掷出6；二、飞飞掷出了6，再掷一次向前跳，但是在格子中说错了口诀，被迫返回原地。是哪种情况呢？飞飞哭丧着脸说："我跳到了32，但乘法口诀说错了，又返回原地了。"

智慧提升

小朋友，玩游戏要遵守游戏规则。玩游戏时，同样的结果可能是很多不同原因导致的，所以要全面分析。另外，要好好学习乘法口诀哦！

淘淘的发现

故事分享

淘淘已经认识了许多图形。在数学课上，张老师要求大家用发现的眼光寻找生活中的图形。淘淘一下子就找到了好多，他把他的发现写在了数学日记里。让我们一起去看一看吧：

我们书本的面、课桌的面都是长方形的，还有黑板的表面、篮球场的面、足球场的面，也都是长方形。

家里开关的面是正方形的，我们使用的折纸的面也是正方形的，还有正方形升旗台的面、正方形窗户的面、正方形的桌面等。

圆，我们随处可见，月饼的上下面、茶叶罐的上下面、药瓶的底面都是圆。还有硬币的面、纽扣的面、张老师盖在我们本子上的奖章等，这些也都是圆。

我们上学期还认识了长方体、正方体、圆柱等立体图形。妈妈告诉我，生活中的房子、魔方、柱子、水杯等都是立体图形。

最后，和大家分享一个秘密，这可是我无意中发现并记录下来的哦！

乐乐拿了一张纸放在桌面上，我站在他的左边，看到纸是正方形，站在乐乐右边的飞飞也说他看到的是正方形。可是周围的其他同学却说这张纸是长方形，是我们两个弄错了吗？你知道这是为什么吗？

思考分析

乐乐拿出的长方形纸，它的长和宽应该十分接近。所以淘淘和飞飞两个人从他们的角度去观察，可能就会有不同的结果。淘淘和飞飞两人站在乐乐的两边，我们都知道，从观察的视野来说，远方的物体显得小，近处的物体相对比较大。其实物体的大小没有变，变化是空间上的距离对观察时的视觉产生影响的结果。

在观察时，由于角度不同，长和宽比较接近的长方形就容易被看成是正方形。

拓展思路

图形不仅美观，而且非常实用。你知道为什么在自动伸缩门上面有许多平行四边形吗？为什么窨井盖是圆形的呢？

答案提示

自动伸缩门上面有许多平行四边形，在拉伸和压缩的时候，不会变成别的形状，这是其他图形不具备的。窨井盖是圆的，无角，不容易掉下去，还便于井下操作。

智慧提升

认识平面图形，是小学数学学习的基础。只有在生活实际中善于发现这些图形，然后形成直观感知，才能形成浓厚的学习兴趣，从而更好地去学习平面图形的特点。

1

1

掷骰子

故事分享

游戏中通常会用到骰子。骰子里还藏着许多数学问题呢。淘淘有一天将一个骰子带到了学校，这个骰子是一个正方体，六个面分别刻有1～6个小圆点，让我们随着淘淘、乐乐、花花和飞飞一起看一看吧！

淘淘将骰子放在桌上，问道："如果我掷出这个骰子，可能掷出几种结果？分别是什么？"

"哎！这还不简单。当然是6种结果了，可以掷出1、2、3、4、5或6。"乐乐回答道。

"乐乐你思考得真快！"淘淘边说边将骰子掷

在桌面上，向上的面的点数为 6，淘淘又掷了一次，是点数 4 向上。

飞飞说："我们可以比大小。$4 < 6$，$6 > 4$。"

花花说："我们还可以进行加减法的计算。我们会计算 $6 + 4 = 10$，$6 - 4 = 2$。"

淘淘说："大家都会积极思考了。但我想问的问题是：如果我同时掷出两个骰子（如图 1、图 2），你知道骰子 1 的对面是几吗？其他看不到的面是几呢？请你认真想一想。"

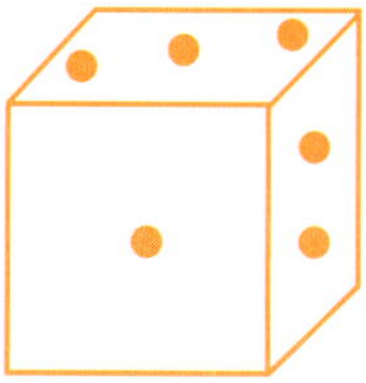
图 1

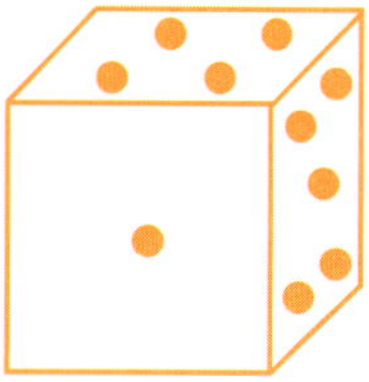
图 2

思考分析

1. 在图 1 中，和 1 相邻的点数 2 和 3，在图 2 中，和 1 相邻的点数 4 和 5，我们就可以判断出 1 的对面是 6，2 的对面是 5，3 的对面是 4。

2. 相对两个数的和是 7，1 + 6 = 7，2 + 5 = 7，3 + 4 = 7。

拓展思路

如图 3，看不到的所有面点数之和是多少？

图 3

答案提示

相对两个数的和是 7，1 + 6 = 7，2 + 5 = 7，3 + 4 = 7。那么，一个骰子点数之和是 $3 \times 7 = 21$，两个骰子的点数之和就是 21 + 21 = 42，看到的三个面点数之和是 ________，所以看不到的面点数之和是 ________。

智慧提升

掷骰子不仅是游戏，而且蕴含数学思考。一个简单的骰子藏着很多的智慧，我们在学习中要多动脑筋，才能发现数学的有趣和好玩，在探索中得到更多的思考和快乐。

取奖品

故事分享

在一次实践活动中，淘淘、乐乐、飞飞和花花看到一个有趣的爬梯子游戏。首先，走在梯子的上面，从上往下走，当遇到任何一根木棍就要横着走，然后到岔路口时继续往下走。而在最下面放着的就是获胜的奖品，如果能够顺利到达就将奖品送给你。

“快来看啦，快来看啦！”淘淘喊道，“下面两个地方都有奖品，我们获奖的机会很大。”

听到淘淘这样一喊，他的好朋友乐乐、飞飞、花花都走上了这个平台。

“是的！我们主要考虑小朋友攀爬不容易，就希望鼓励大家多参与，多获奖！”在旁边组织爬梯子游戏的叔叔说道。

“第 3 个下面有礼物，我先来取奖品！”淘淘就从第 3 个入口开始下梯子。

淘淘根据规则，下到梯子下面什么礼物也没有得到，他很伤心。

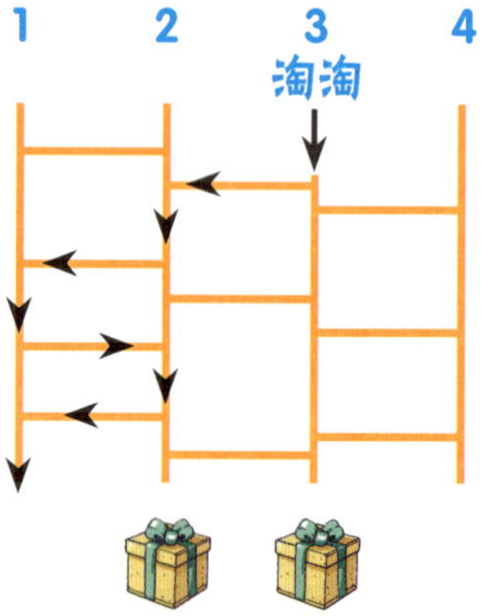

乐乐从第 1 个入口下梯子，飞飞从第 4 个入口下梯子，最后，只剩下花花了，她说：“我从第 2 个下去吧！”

小朋友，请想一想，谁能够取得礼物呢？

思考分析

表面上看梯子下面虽然放了两个礼物，但并不是从第几个入口下梯子就一定会得到下面的礼物。最后，是飞飞和花花能够取得礼物。

让我们随着飞飞、花花爬的梯子走一走、看一看吧！

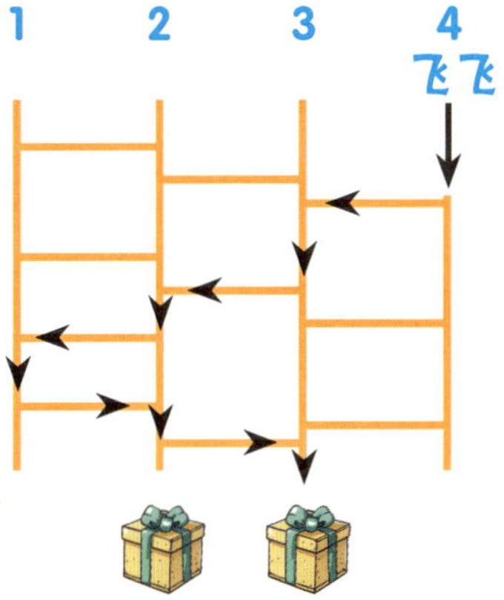

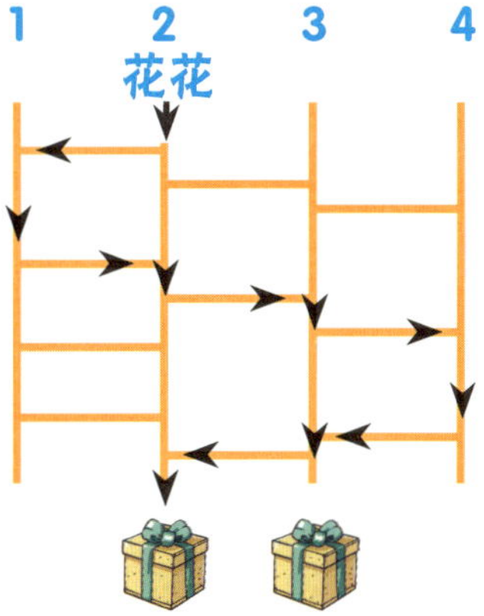

拓展思路

刚才我们已经解决了顺着梯子向下拿礼物的问题。如果礼物在梯子的上面，飞飞从几号出发能拿到礼物？

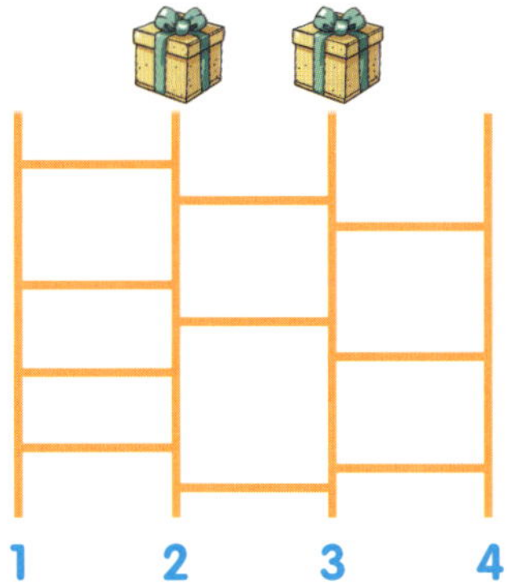

答案提示

从 ________ 号出发都有礼物。

智慧提升

数学需要深入的思考和实践。我们虽然看到两个地方都放置了礼物，但我们不能被表面的现象所迷惑，我们应该根据实际情况想一想、画一画、做一做，才能真正发现问题的答案。

镜子中的钟表

故事分享

星期五，淘淘放学回家，妈妈告诉他一会儿要去奶奶家吃晚饭，让他快点把作业写完。淘淘赶紧坐下来，打开练习册，抬头从墙上的镜子里看到现在是6:15。淘淘心里想：我要赶紧把作业写完，爸爸回来我们就可以出发了。

时间嘀嘀嗒嗒地走着，淘淘想着奶奶做的好吃的就很开心，手上的笔也加快了速度。听到爸爸回来的声音，淘淘的作业也写完了，他站起来扭头看了一下表：咦？我作业都写完了怎么还是6:15，我的小象钟表坏了，这可是新买的呀。不对呀，秒针还在嘀嘀嗒嗒地走着呀。“爸爸，你快来看，我的小象钟表出毛病了。我写作业时是6:15，咋写完了还是6:15?”

爸爸走进来看看自己的手表，再看看墙上的钟表：“没坏呀，现在就是6:15，你怎么说你是6:15开始写的作业呀？你一定是看错表了。”“不可能，绝对不可能，我早都认识钟表了，我还会算时间呢。”淘淘不服气地说，“我拿出笔时确定从镜子里看到的钟表就是6:15。”爸爸一听，哈哈大笑：“哈哈，我知道为什么了，钟表没坏，你也没认错表，出错的是镜子。你不是6:15开始写作业，你是5:45开始写的作业。”

淘淘摸摸头，迷茫地看着爸爸。这是怎么回事呀？小朋友们，你们知道是为什么吗？

思考分析

爸爸告诉淘淘，这是**镜面对称原理，物和像是一一对应的，所以镜子中的像是左右相反的。**如果把6和12当成对称轴，那么

1、2、3、4、5 的位置等于 11、10、9、8、7。

拓展思路

爸爸接着又问淘淘：“你现在知道你开始写作业的时间了，那你今天写作业用了多长时间呀？”

答案提示

从 5:45 到 6 时经过了 15 分钟，从 6 时到 6:15 经过了 15 分钟，所以今天写作业用了 ______ 分钟。

智慧提升

小朋友们，钟表是我们生活中不可缺少的好朋友，它可以帮我们计时，提醒我们上学、上班、吃饭、睡觉，其实钟表上还有很多要学习的数学知识，只要认真思考，就会有新的发现。

时差的奥秘

故事分享

假期到了，爸爸妈妈要带淘淘去日本旅游。出发前妈妈告诉淘淘，飞机起飞到降落航程需要2个小时。因为淘淘是第一次坐飞机，非常开心，妈妈告诉他睡一觉或看一个动画片就到了。早上9点飞机准时起飞，到达目的地，淘淘看了看电话手表：“咦！怎么才10点？妈妈不是说需要2个小时吗？怎么提早了这么多呀？”妈妈笑着对淘淘说：“没有提早。你看一下，电话手表和手机上显示的是日本时间，不是我们的北京时间了，这是时差的问题。”现在北京时间是11点了。同学们你们知道什么是时差吗？为什么要有时差呢？每个地方的时差都一样吗？

思考分析

日本和中国有时差，日本比中国快 1 小时。中国首都北京，东八区区时。日本首都东京，东九区区时。日本比我们提前一小时看到新一天的太阳。

为了照顾到各地区的使用方便，又使其他地方的人容易将本地的时间换算到别的地方的时间，有关国际会议决定将地球表面按经线从东到西划成一个个区域，并且规定相邻区域的时间相差 1 小时。在同一区域内的东端和西端的人看到太阳升起的时间最多相差不过 1 小时。当人们跨过一个区域，就将自己的时钟校正 1 小时（向西减 1 小时，向东加 1 小时），跨过几个区域就加或减几个小时。这样使用起来就很方便。现今全球共分为 24 个时区。有的国家或省份同时跨着 2 个或更多时区，为了照顾到行政上的方便，常将一个国家或一个省份划在一起。所以，时区并不严格按南北直线来划分，而是按自然条件来划分。例如，**中国幅员宽广，差不多跨 5 个时区，但为了使用方便简单，实际上只以东八时区**

的标准时即北京时间为准。

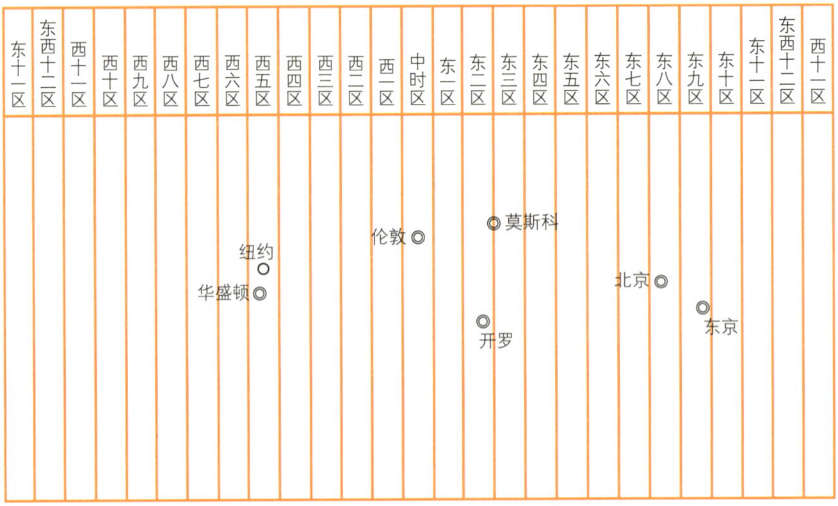

拓展思路

爸爸接着又问淘淘："现在你已经知道什么是时差了，也知道怎么算时差了，现在爸爸考考你，我们中国和日本的时差是 1 小时，那么中国和美国的时差是多少呢？"

答案提示

北京在东八区，纽约在西五区，从北京开始数到美国纽约一共是 _____ 格，时区差 _____ 时，所以时间差就是北京比纽约快 _____ 个小时。

智慧提升

小朋友们，在我们的生活中，有许多生活常识都与数学息息相关，时差是客观存在的，不管什么时候我们都要好好学习，好好读书，积累更多的知识去探究奥秘。

友好握手

故事分享

新学期刚开学，淘淘和好朋友们一个假期没见面，大家都很想念对方。瞧，他们在互相握手呢！淘淘、飞飞、强强三个好朋友，每两个人握一次手，三个人瞬间就忙了起来，然后互相倾诉自己假期是怎么度过的，欢声笑语，特别开心！

爱观察的淘淘突然问大家："你们知道刚刚我们三个人一共握了几次手吗?"大家纷纷数了起来。"3次。""4次。"淘淘说："别急，别急，我们一起来数一数。"大家在一起讨论，你一句，我一句，不一会儿，答案就出来了。

三个好朋友兴奋得要跳起来啦！原来学习是这么开心的事情，大家在一起，有疑问就提出问题，一起合作交流，分析解决，问题就迎刃而解了。

思考分析

淘淘、飞飞、强强，三个人互相握手。淘淘和飞飞、强强握手，一共两次；飞飞和强强握手，1 次。最后结果为：2 + 1 = 3（次）。

拓展思路

握手的问题可以这样思考：如果现在妈妈要出门，有两件漂亮的上衣、两条漂亮的裤子可以选，每次上衣只穿一件，裤子只穿一条，你能算出妈妈一共有几种穿法吗？

答案提示

我们可以这样思考：第一件上衣和两条裤子搭配有两种方案，另一件上衣和两条裤子搭配也有两种方案，所以一共有 ______ 种搭配方案。

智慧提升

小朋友们，生活中处处有数学，只要你肯开动脑筋，善于发现生活中的数学问题，你就会变得越来越聪明，越来越喜欢数学。有些事情看上去复杂，但只要按照一定的顺序、规律去思考，就清晰明了了。

拿硬币

故事分享

淘淘有一个小猪存钱罐，1角、5角、1元的硬币把小猪的肚子填得满满的。今天淘淘想从存钱罐里取出一枚硬币，会有几种结果呢？那还用说，当然是三种结果了：1角，或5角，或1元。如果今天淘淘要从存钱罐里取出两枚硬币，又会有几种可能呢？两个1角，或1个1角和1个5角，或2个5角，或1个1角和1个1元……哎呀，刚才说到哪儿了？怎么全忘了！小朋友，你能说清楚取出两枚硬币会有几种结果吗？

思考分析

存钱罐里的硬币有很多，1 角、5 角、1 元的硬币都有若干个，要从中任意取出两枚硬币，结果也有很多种。淘淘之所以数乱了，是因为没有按顺序来数，如果我们按照一定的顺序来数就容易多了。我们可以根据不同情况进行一一列举：

1. 取出两枚一样的硬币：2 个 1 角，2 个 5 角，2 个 1 元。

2. 取出两枚不一样的硬币：1 个 1 角和 1 个 5 角，1 个 1 角和 1 个 1 元，1 个 5 角和 1 个 1 元。

3 + 3 = 6（种），任意取出两枚硬币，一共有 6 种结果。

拓展思路

如果任意从存钱罐中取出三枚硬币，你知道一共有几种结果吗？

答案提示

结果可能有以下几种情况：

1. 取出三枚一样的硬币：3 个 1 角，3 个 5 角，3 个 1 元。

2. 取出两枚一样的硬币和 1 枚不一样的硬币：2 个 1 角和 1 个 5 角，2 个 1 角和 1 个 1 元；2 个 5 角和 1 个 1 角，2 个 5 角和 1 个 1 元；2 个 1 元和 1 个 1 角，2 个 1 元和 1 个 5 角。

3. 取出三枚不一样的硬币：1 个 1 角、1 个 5 角和 1 个 1 元。

一共有 ______________________________。

智慧提升

当问题的答案有多种可能时，我们往往会采用列举的方法，列举法也是我们在解决问题时经常使用的方法。这种方法的好处是不容易遗漏和重复，各种情况一目了然。

数学符号的那些事儿

故事分享

乐乐是个爱学习的孩子，他对数学尤其感兴趣。这天，他向大家介绍起了数学家族中符号的那些事儿。

500 多年前，有一位德国数学家叫魏德曼，他把一条横线和一条竖线合并在一起来表示合并，即增加的意思，成为“+”；他又把“+”去掉一个竖，表示拿去（减少）的意思，成为“－”。这样，数学家族里的两个兄弟就诞生了。但是“+”和“－”正式被大家所公认，用来作为加、减运算符号，是从 1541 年荷兰数学家荷伊克开始的，以后逐渐普及，并沿用到现在。

“×”在17世纪由英国数学家欧德莱最先使用，因为乘法是一种特殊的加法，所以把“+”斜过来写表示乘。

“÷”是17世纪由瑞士人拉恩创造的，他用一道横线把两个圆点分开，表示分解的意思。

“=”的产生比“+”“−”晚大约100年，距今400多年，由英国学者立科尔德提出，他认为最能表示相等的是一对平行线，即同样长的两条线段。

思考分析

“+”“−”“×”“÷”“=”这些符号的优点不仅仅是简洁、准确、没有歧义，而且对人们准确把握数学本质，促进数学思维的发展也是必不可少的。

拓展思路

你能把数学符号王国的各位朋友排排序吗？让我们从今以后都能礼貌地称呼他们。感兴趣的同学也可以分角色扮演数学符号，介绍自己。

答案提示

小学数学常用的符号主要可以分为以下几类：

数量符号：0 ~ 9，未知常量（a、b、c 等），变量（x、y、z 等），圆周率 π。

运算符号：加号（＋），减号（－），乘号（× 或·），除号（÷），乘方（$2\times2=2^2$，$2\times2\times2=2^3$），比号（：）。

关系符号：等号（＝），近似符号（≈），不等号（≠），大于号（＞），小于号（＜），平行符号（∥），垂直符号（⊥）。

结合符号：如小括号“(　)”，中括号“[　]”，分数线“—”。

性质符号：如正号“＋”，负号“－”。

省略符号：三角形（△），角（∠）。

智慧提升

通过了解数学符号的历史，我们知道了符号的发展甚至数学的发展历程。知道了数学符号的来龙去脉，我们更会感受到数学的好玩和有趣。

九九歌

故事分享

天气晴朗，淘淘和好朋友们来到博物馆参观。在这里，他们了解到了乘法口诀的历史。

古时候，乘法口诀是自上而下的，从“九九八十一”开始，至“一一如一”结束，与现在使用的顺序相反，因此古人用乘法口诀开始的两个字“九九”作为此口诀的名称，又称九九表、九九歌、九因歌、九九乘法表。

你对九九歌还有哪些了解？

思考分析

中国使用“九九口诀”的时间比较早。在《荀子》《管子》《淮南子》《战国策》等书中都能找到“三九二十七”“六八四十八”“四八三十二”“六六三十六”等句子。由此可见，早在春秋战国时期，九九歌就已经开始流行了。

拓展思路

九九歌在我国有悠久的历史，在其他国家会是什么情况呢？请你找一找。

答案提示

九九歌是古代世界最短的乘法表。玛雅乘法表需 190 项，古巴比伦乘法表需 1770 项，古埃及、古印度等国的乘法表需无穷多项，九九歌只需要 45 项。

九九歌包含乘法的可交换性，因此只需要八九七十二，不需要九八七十二。9 乘 9 有 81 项积，九九歌只需要 $1+2+3+4+5+6+7+8+9=45$ 项积。明代珠算采用 81 项积的九九歌。45 项的九九歌，被称为“小九九”，81 项积的九九歌被称为“大九九”。

智慧提升

看来，我们的古人确实很伟大，确实很聪明。那么，就让我们熟记九九歌，让先人的智慧更加发扬光大。

九九表

九九八十一，八九七十二，七九六十三，六九五十四，

五九四十五，四九卅六，三九廿七，二九十八，八八六十四，

七八五十六，六八四十八，五八四十，四八卅二，三八廿四，

二八十六，七七四十九，六七四十二，五七卅五，四七廿八，

三七廿一，二七十四，六六卅六，五六卅，四六廿四，

三六十八，二六十二，五五廿五，四五廿，三五十五，

二五而十，四四十六，三四十二，二四而八，三三而九，

二三而六，二二而四，一二而二，二半而一，凡千一百一十三字。

看地图

故事分享

端午节前夕，乐乐写完家庭作业，妈妈拿出地图，和爸爸商量小长假去哪里玩。乐乐好奇地凑过去，说："妈妈，我们语文课今天学习了《泰山》，泰山在地图上哪个位置？"妈妈说："泰山是五岳之一。五岳呢，分别是北岳恒山、东岳泰山、南岳衡山、西岳华山、中岳嵩山，这是按照五座山所在的地理位置确定的。现在，请你来试着填一填右面这个图吧。"妈妈摸

着乐乐的小脑袋说道。

这五座山分别是什么山呢?

思考分析

地图上的方向是：上北下南，左西右东。

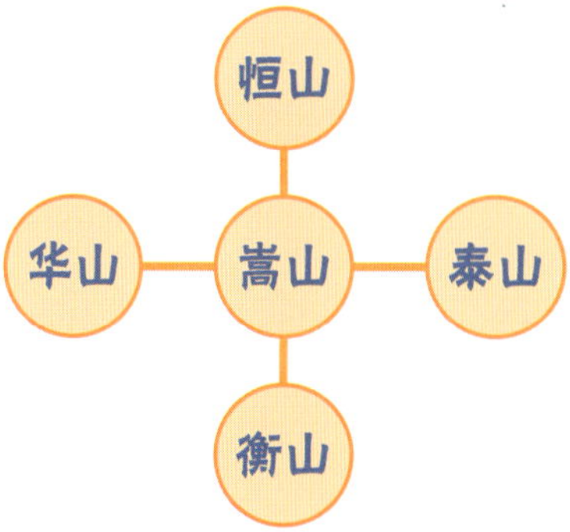

小朋友，五岳的位置，你记住了吗?

拓展思路

了解了“五岳”的位置，妈妈说：“乐乐，请你说一说嵩山分别在其他几座山的哪个方向吧!”乐乐看着地图，很快就有了答案。“嵩山在恒山的南面，在衡山的北面，在泰山的西面，在华山的东面。妈妈，我答对了吗?”妈妈说：“对了。可是，这可是中岳嵩山，不是应该在中间吗？位置怎么变来变去呢？”乐乐立刻迷茫了：“对啊，这是怎么回事？”这到底是怎么回事呢？

答案提示

乐乐向爸爸求助，爸爸说：“这是因为你参照的物体不一样。在地图上，五岳的位置是相对的，因为嵩山相对于其他山来说在中间，所以称为中岳，而其他山是根据中岳的位置来命名的。妈妈提的新问题，是以其他山分别为参照物，来确定嵩山的方位，当然就不一样啦！”

智慧提升

方向与位置是数学学习中小朋友们经常出错的知识点，因为参照物不同，物体的方向和位置就不同。所以，在辨别方向与位置时，一定要先确定参照物哦！

年轮与方向

故事分享

周末，淘淘、乐乐、飞飞和花花四人一起相约去爬山。四个人玩得可开心了，不知不觉走到了大山的深处，眼看天越来越黑了，四个人在森林里迷了路。

花花害怕地说："我们迷路了，万一有老虎和狼怎么办呀?"淘淘也着急地说："我们也没有带指南针，也没有太阳，这可怎么找方向回家呀?"

就在大家着急想办法的时候，只有飞飞一言不发地在找着什么。忽然，飞飞大喊："我找到方向了，咱们可以回家了。"三个小朋友马上跑上来

问："在哪？在哪？"飞飞指着一个被锯断的树墩说："你们看这上面有年轮，从年轮上就可以找到方向了。走吧，这边就是南边，对着的这边就是北边，咱们就是从北面上山的，跟着我走吧。"四个小朋友按照树墩上年轮的方向顺利地走出了森林。同学们，你们知道年轮上的方向怎么找吗？

思考分析

年轮的疏密是跟光照有直接关系的。一般树干朝南的年轮排列显得稀疏一些，而北面年轮显得细密一些。

拓展思路

年轮除了可以看出方向，还可以看出树木生长的年龄，你知道年轮与树龄的知识吗？与你的同学们分享一下吧！

答案提示

树木的年轮和人的年龄一样，人每过一年长大一岁，树木的年轮是每过一年增加一圈或者两圈。据此我们就可以大致判断树木的年龄。

智慧提升

我们的生活中处处有数学，年轮中存在着数学知识，需要我们细心地去观察发现，希望小朋友们积累知识，做一个聪明的探险家。

剪纸游戏

故事分享

最近，班上流行起剪纸的游戏。一下课，同学们就拿起剪刀和手工纸开始忙活起来，有剪动物的，有剪植物的，还有剪人物的，总之，各种各样，让你看得眼花缭乱。淘淘和乐乐也参与了剪纸游戏，他们先把手工纸进行对折，然后从折痕处用铅笔画出一个图案，再用剪刀沿着画好的图案剪下来，展开之后就得到了一个对称的图案。下面几幅图就是淘淘在手工纸上画好的图案：

你知道这些图案剪下之后是什么样吗？开动你的大脑，快来猜猜看吧！

思考分析

淘淘剪出来的都是对称图形，对称图形的特点是沿对称轴折叠后两侧的图案完全相同。根据这一特点，我们只要想象一下对称轴另一侧的图案是什么样子，再和手工纸上的拼起来，就可以猜出剪下之后的形状。如果不太容易想象，我们还可以采用画一画的方法，用笔画出对称轴另一侧的图案，这样更容易猜出剪下

第一幅图剪下之后的形状

第二幅图剪下之后的形状

第三幅图剪下之后的形状

之后的形状。根据淘淘在手工纸上画出的图案，我们可以猜出各幅图剪下之后的形状。

拓展思路

下面几幅图是乐乐已经剪好的图案，他也是通过对称的方法得到的。你知道他在手工纸上画出了什么样的图案吗？请你动手试一试吧。

答案提示

根据轴对称图形的特点，对称轴两边完全重合，所以我们只要找到上面几幅图的对称轴，然后在纸上画出对称轴一侧的图案就可以了。答案如下图所示：

智慧提升

解决轴对称图形的问题时，我们一定要牢记轴对称图形的特点：沿对称轴对折之后，对称轴两侧图案完全重合。

12:12是轴对称图形吗

故事分享

淘淘是个特别善于观察生活的孩子，他总能发现生活中事物的美，比如爱心、圆圈、小鱼、花朵……直到今天认识了轴对称图形，他才恍然大悟，原来这些美妙的事物都是有它们独特的特点的，它们都有一个共同的名称：轴对称图形。比如：

沿着某一条线进行对折，左右（上下）两边能够完全重合，这样的图形就叫作轴对称图形，这条线就叫作对称轴。

有一天中午放学，淘淘、飞飞和乐乐走在回家的路上，淘淘看了看手腕上戴着的电子表，猛然兴奋起来：“看，现在是12:12，它是轴对称图形。”飞飞看后也使劲点着头。可是乐乐坚决地摇摇头说：“不是，不是，12:12不是轴对称图形！”

到底谁说的是正确的呢？

12:21

思考分析

要想判断12:12是不是轴对称图形，首先要找到一条线，沿着这条线对折，左右或者上下两边能够完全重合，那么这个图形就是轴对称图形。看来，12:12不是轴对称图形。

拓展思路

12:12不是轴对称图形。又过了几分钟，淘淘一看表是12:21，惊叫起来：“这个才是轴对称呢！是吗？”

答案提示

依然不是，电子表上的数字是0123456789这样的，所以

12：21 也不是轴对称图形。

智慧提升

我们仔细观察一下，在电子表上只有 2 和 5 才是轴对称，当电子表上显示 12：51（电子表上的数字）时，才可以称为轴对称图形。你还想到了哪些时间点也是轴对称图形呢？

我摆你猜

故事分享

活动课上，淘淘、乐乐和花花一组，一起做手工。他们在用相同大小的小木棒做手工，一会儿摆出一个笑脸，一会儿摆出一个机器人……大家各显神通，不亦乐乎。各种漂亮的图案、有趣的创意，让同学们很是羡慕！

淘淘说："这样吧，我先来摆，你们看看谁能最先数出我用了多少根小木棒，怎么样？"其他两个人开心极了，拍手说："好呀，好呀！"于是，三个人开始了一场PK！

淘淘挠挠头，想了想，有了，一会儿工夫，

他摆出一个小房子。“好了，你们快来猜!”只听淘淘开心地呼唤伙伴。“6根!”乐乐和花花几乎同时喊出了答案。“这么快就数出来了！你们可真快!”没有难倒大家，淘淘有点儿失落。乐乐说：“没关系，我来帮你增加难度。”一会儿工夫，乐乐也摆出来一个一模一样的小房子。淘淘拍手叫好：“现在能数出这两个小房子一共用了多少根小木棒吗?”

思考分析

用小木棒摆出了相同的图形，淘淘的小房子用了6根小木棒，那乐乐的小房子还用数吗？怎样最快地算出小房子用了多少根小木棒？我们用乘法计算出两个小房子用的小木棒数量：$6\times2=12$（根）。

拓展思路

花花坐不住了：“我也来摆，你们猜!”一会儿工夫，花花摆出了3把雨伞，每把雨伞都用了4根小木棒。花花问大家：“你们知道我摆雨伞一共用了多少根小木棒吗?”小朋友们，快开动脑筋，看谁数得最快!

答案提示

花花摆出的雨伞每把用 4 根小木棒，所以，3 把雨伞用的小木棒数量：_________________________。

智慧提升

小朋友们，在数小木棒的过程中，不仅要认真观察，观察出每种图形都用了相同数量的小木棒，更要结合已经学过的乘法口诀，这样就可以很快算出小木棒数量了。

快来数一数

故事分享

花花一直是个聪明懂事的小姑娘！看！就在这次的单元考试中，花花又取得了好成绩。她兴高采烈地告诉妈妈！妈妈骄傲地称赞道："花花真棒！想吃什么，妈妈给你买！"花花也相当开心："真的吗？那我要好多好多好吃的！可以吗，妈妈？"妈妈开心地笑了笑："好的，我现在就去超市，等我回来。"

一会儿工夫，花花妈妈就提着大包小包的东西回来了，边走

边气喘吁吁地喊："花花，花花，快来帮妈妈，我买了好多东西呢！"花花开心地飞奔到妈妈身边，接过去，帮妈妈把好吃的一样一样地拿出来，摆在桌子上。花花边摆边说："哇！真的好多东西呀！"

一会儿工夫，妈妈买回来的东西就摆了满满一桌。到底有多少呢？"花花，你快来数一数妈妈到底买了多少东西！"花花开心地数了起来，一会儿就数清楚了。妈妈好奇地问："这么多东西，你怎么数得这么快呀？"花花神秘地笑了笑："我有秘诀呀！"

思考分析

妈妈一共买了三样东西，我们可以一样一样地数。有 2 把香蕉，4 捆胡萝卜，1 盒鸡蛋。这么多东西好像一时数不过来，但可以有规律地数。小朋友们，想想我们学过的乘法。2 把香蕉，每把都是 5 根；4 捆胡萝卜，每捆都是 4 根；1 盒鸡蛋有 6 排，每排都是 4 个。

拓展思路

聪明的你，能算出妈妈买的香蕉、胡萝卜、鸡蛋有多少吗？

答案提示

2 把香蕉的数量：________________；

4 捆胡萝卜的数量：______________；

1 盒鸡蛋的数量：________________。

智慧提升

小朋友们，在数的过程中，数得最快的同学真的太厉害了！他们不仅认真观察出每种食物的数量，而且结合已经学过的乘法口诀，一下就算出了数量。

布置教室

故事分享

新学期刚刚开学，学校组织全校大扫除。为了让每位同学都能在宽敞明亮、环境舒适的教室里学习，学校要发给每个班级36盆花！想一想，那样的话我们的教室就会特别漂亮。乐乐班长准备组织大家把花盆搬到教室里。他想：男生力气比较大，就让男生去搬花盆吧！如果一个人一次只能搬2盆，需要多少人呢？乐乐班长思考着，这样好像需要很多人呢！还有一部分同学在打扫卫生，不能去搬花，那就每个人去搬2次，这样每人能搬4盆，这样的话，又需要几个人呢？

先数数我们班现在能有多少人去搬花吧！好像只有 6 个人！那平均每个人又需要搬几盆呢？

乐乐班长想着想着，有点儿糊涂了。聪明的小朋友们，你能帮助乐乐班长解决这个问题吗？快来开动脑筋吧！

思考分析

我们可以用画图的方式来思考，用 36 个小圆点来表示 36 盆花。如果每人搬 2 盆，那就 2 个一份，圈一圈，看看最后有多少份，就是需要几个人。如果每人搬 4 盆，那就 4 个一份地圈一圈，看看最后有多少份，就是需要几个人。再看第三种方案，我们把小圆点 6 个一份地圈一圈，看看最后有几份，就是每人搬几盆。

假如 6 人去搬花，我们是不是也可以用画线段图的方式试一试呢？

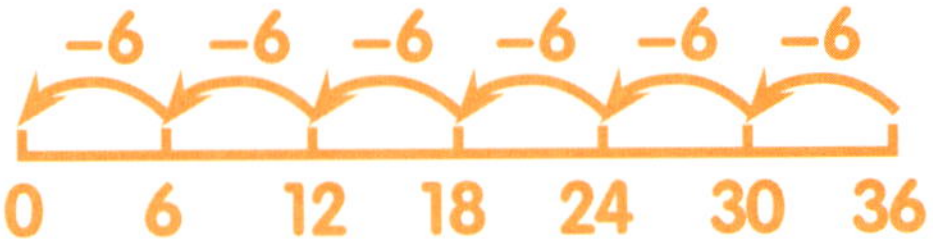

还有小朋友想到了乘法口诀，得数是36的乘法口诀都有哪些呢？

六六三十六，四九三十六。哈哈，这样好像更简单一些。

拓展思路

学校购买花时，走的批发价，每个班36盆花，花费了72元，你能算出每盆花多少元吗？你能想办法验证你的猜想吗？

答案提示

我们可以列式：________________，所以每盆花____元钱。我们还可以用画线段图、画点子图等方法解答。

智慧提升

在搬花布置教室的问题上，无论利用点子图还是线段图，都能帮助我们解决人员安排的问题。其实，每一种方法都需要我们认真思考，只有这样，才会找到解决问题的方法。

扑克牌巧算“12”

故事分享

扑克牌游戏很有趣，我们可以利用扑克牌巧算“12”。这天，淘淘、乐乐、飞飞和花花四人开始进行抽扑克牌巧算12的游戏。游戏的规则是：四人各抽一张扑克牌，进行加减乘除的运算，先算出结果是12的为胜。

第一次抽牌开始，花花抽到了6，乐乐抽到了12，飞飞抽到了3，淘淘抽到了2。四人开始思考，如何能够得到12。

“已经有12了，如果其他不存在就好了！”花花边说边想。

“对！我们可以将 6、3、2 进行计算得到 1 即可。因为 $6\div3\div2=1$，所以，算式是：$12\times(6\div3\div2)=12$ 或者 $12\div(6\div3\div2)=12$。”乐乐接着说。

“我也可以这样想：$3\times4=12$，题目中已经有 3 了，其他三个数能得到 4 即可。所以，$12\div(6\div2)\times3=12$ 或者 $12\div6\times2\times3=12$。”飞飞说道。

淘淘抢着说：“大家的思路启发了我。也可以这样想：$2\times6=12$，题目中已经有 2 了，其他三个数能得到 6 即可。所以，$12\div(6\div3)\times2=12$。”

…………

一次巧算 12 游戏，大家都有了自己的收获。

第二次抽牌开始了，我们一起去看一看。

花花抽到了 3，乐乐抽到了 4，飞飞抽到了 8，淘淘还是抽到了 2。新的思考开启了。

思考分析

1. $3\times4=12$，题目中已经有 3 了，其他三个数能得到 4 即可。

所以，$8 \div 4 \times 2 \times 3 = 12$。

2. $2 \times 6 = 12$，题目中已经有 2 了，其他三个数能得到 6 即可。所以，$2 \times (8 \div 4 \times 3) = 12$。

3. 我们还可以想一想其他的运算。比如加法，我们还可以得到这样的算式：$4 + 8 \times (3 - 2) = 12$。

拓展思路

我们玩过了抽扑克牌巧算“12”的游戏，你会用扑克牌巧算出“24”吗？请你试一试。

答案提示

如果今天我抽到了2、6、4和8四张扑克牌，那么可以这样算一算：

________，________，________，

…………

智慧提升

扑克牌中有很多数学思考，希望你们带着数学的眼光，运用学过的数学知识在游戏中、在生活中去思考。

新狗熊掰玉米

故事分享

36 个	18 个	45 个	？个

淘淘早就听说过狗熊掰玉米的故事，狗熊掰一个丢一个，掰到最后，手里只有一个玉米。可是淘淘觉得，经过这么多年，笨笨的狗熊也应该长大了。他决定改写笨狗熊的故事，为狗熊家族“洗白”。

狗熊带着好朋友们一起来掰玉米，来帮忙的

好朋友有小猴子、松鼠妹妹、小羊。一大早，小羊就打电话给狗熊："熊哥哥，对不起，我今天早上起晚了，晚到一个小时可以吗？"狗熊理解地说："没关系，你可以晚来一会儿，我们几个先收玉米。"于是小伙伴们热火朝天地干了起来，一个小时后，小羊也加入了劳动的队伍！这一天，大家虽然累得满头大汗，却开心极了。

晚上，到了统计掰玉米数量的时候，小猴子开心地跳了起来："哇！我今天掰了36个玉米呢！"松鼠妹妹有点儿不好意思地说："我干活有点儿慢，今天掰了18个玉米。"大家连忙安慰她："没关系的，女生的力气比较小，松鼠妹妹已经很棒了！"狗熊掰了45个玉米。大家都替狗熊开心，他再也不是那个掰一个扔一个的笨熊了！那么，小猴子、松鼠妹妹、狗熊一共掰了多少个玉米呢？

思考分析

我们已经清楚地知道小猴子、松鼠妹妹、狗熊分别掰了多少个玉米，把他们的玉米数加起来就能知道他们三个一共掰了多少个玉米。所以，三个小伙伴掰的玉米总数为：36 + 18 + 45 = 99（根）。

拓展思路

小羊来得比较晚，他掰的玉米比小猴子和松鼠妹妹的总数少10个。请你帮他们算一算，小羊一共收获了多少个玉米？

答案提示

小羊掰的玉米数量不知道，可是他掰的玉米数和小猴子、松鼠妹妹掰的总数有关系，你有想法了吗？

我们可以这样解答，小羊掰的玉米数量：__________________________________。

智慧提升

我们在解决问题的过程中，需要找到比较的量，有了它，就能正确地解答问题了。

乘船方案

故事分享

实验小学一（3）班在张老师的带领下，来到了美丽的秀水湖春游。在湖边，除了美丽的风景，还有游船供游客们观光乘坐。只见码头左边停靠着许多大船，码头右边停靠着许多小船。张老师在强调了安全须知之后，派欢欢先去打听乘船须知，并让飞飞征求大家的乘船意见。孩子们都很开心,可是大家的意见出现了分歧。有人愿意坐小船，有人愿意坐大船。到底该怎么办呢？淘淘说，我们必须要统计出具体数据。为了统计方便，飞飞统计男生的乘船意向，慧慧统计女生的乘船意向。

最后，两人进行了数据汇总。通过调查，愿意坐大船的男生有 15 人，女生有 6 人。而愿意乘小船的男生有 12 人，女生有 8 人。这时，淘淘提出："我们来计算一下愿意坐大船和坐小船的到底哪一边的人多吧。愿意坐大船的男生比愿意坐小船的男生多 15 － 12 ＝ 3（人），愿意坐小船的女生比愿意坐大船的多 8 － 6 ＝ 2（人）。3 － 2 ＝ 1（人），愿意坐大船的人数比愿意坐小船的人数多 1。"乐乐点头道："我的算法和你不同，不过结论一样。愿意坐大船的同学有 15 ＋ 6 ＝ 21（人），愿意坐小船的同学有 12 ＋ 8 ＝ 20（人），21 － 20 ＝ 1（人），所以应该少数服从多数，坐大船。"此时，慧慧突然说道："我们好像忘记把张老师的意愿算上去了。""呀，统计了半天，居然把张老师漏掉了。张老师，真是不好意思！"飞飞摸了摸自己的头。

这时，欢欢回来了，她为大家介绍了乘船须知——大船最多能坐 11 人，小船最多能坐 5 人。张老师笑着说道："我的乘船意向是坐大船……"

还没等张老师说完，淘淘立刻大叫起来：“我知道啦！我知道啦！我有一个非常完美的方案！”

淘淘将他的方案展示给大家，大家纷纷满意地笑了起来。因为这个方案不仅人员安排合理，保证了船上位置利用的最大化，既没有空位置，而且也保证了每个人不同的乘船需求。张老师听完之后，表扬了大家肯动脑筋、齐心合力的做法。最后，大家一起决定：“就按淘淘的乘船方案来吧！”

思考分析

要保证船上位置利用的最大化，既没有空位置，并且保证每个人不同的乘船需求，就要先弄清楚愿意乘大船的有几人，愿意乘小船的有几人。

根据信息，我们不难得出需要乘船的小朋友有 41 人，大人（即张老师）有 1 人，一共 42 人。其中，要乘大船的小朋友有 21 人，加上张老师，即共有 22 人乘大船，而要乘小船的人数有 20 人。根据这些信息和大船、小船能够乘坐的人数，我们就不难计算出需要租 2 艘大船、4 艘小船了。

拓展思路

如果 48 人乘船，不考虑乘船意向，仅仅根据乘船人数，以及乘船须知，你能想出最优化的乘船方案吗？

答案提示

一艘大船能乘坐 11 人，3 艘大船能乘坐 33 人；一艘小船能乘坐 5 人，3 艘小船能乘坐 15 人。__________________，所以 48 人乘船，需要租 ____ 艘大船和 ____ 艘小船。

智慧提升

乘船方案的设计问题，可以说是数学中简单的最优化问题。在最优化乘船问题中，需要考虑如何乘坐更合适，从而进行合理安排。

今天我当家

故事分享

周末，天气晴朗，淘淘一家人决定出门游玩，有爷爷、奶奶、爸爸、妈妈和淘淘一共5个人。淘淘很开心，觉得自己早就是一名光荣的少先队员了，应该做一个懂事的好孩子。于是，他主动跟爸爸妈妈说："爸爸、妈妈，你们辛苦了，咱们出去玩，今天我来安排行程、算账等，做一些力所能及的事情吧！"爸爸、妈妈很欣慰，爷爷、奶奶也高兴得合不拢嘴。淘淘兴奋地蹦了起来："今天我当家，我来照顾大家。"

于是，一家人来到了公园，公园门口写着：

票价：成人 8 元 / 人，儿童 4 元 / 人。

开放时间：上午 8：00—晚 8：00。

淘淘开始了他当家的第一项任务：买门票要付多少钱呢？一共 5 个人，最贵的票价 8 元，五八四十；不对，淘淘是儿童票价。几秒钟后，淘淘得意地算出了价钱，成功地帮家人买到了门票。小朋友们，你们知道淘淘是怎么算出总钱数的吗？比一比，谁是最聪明的孩子。

思考分析

购买门票时，我们可以先大概估一下。一共 5 人，成人票每张 8 元，$8 \times 5 = 40$（元），所以，我们要花的钱肯定比 40 元少一点儿。由于成人和儿童的收费不同，所以要把成人和儿童的门票票价分开计算。门票：$8 \times 4 = 32$（元），$32 + 4 = 36$（元）。

拓展思路

进入公园的水上乐园，大家都想划船，荡漾在湖面上，观赏岸边的风景。售票处写着：手划船限乘 2 人，每艘手划船 6 元；

脚踏船限乘 3 人，每艘脚踏船 8 元。怎样让全家 5 个人都可以坐到船上，又最便宜呢？

答案提示

我们可以列表进行比较。

手划船（限乘 2 人）数量 6 元 / 艘	脚踏船（限乘 3 人）数量 8 元 / 艘	钱数 / 元
0	2	____
1	1	____
2	1	____
3	0	____

淘淘在售票处站了一会儿，租了 1 艘手划船、1 艘脚踏船，船票价钱一共为：________________________。

智慧提升

购票时，我们需要找到最优惠的方案。我们一定要根据实际情况进行选择，在列表、比较中找到最优方案。

挂彩灯

故事分享

元宵佳节，到处张灯结彩，淘淘和乐乐一起去逛灯展。公园里挂起了一串串彩灯，淘淘发现每串彩灯是按 2 盏红灯、3 盏黄灯、4 盏绿灯的顺序排列的。

淘淘问乐乐，如果这串彩灯有 80 盏，按这样排列下去，你知道最后一盏是什么颜色吗？乐乐开始拿起笔在本子上画起来，画了半天，也没有找到结果。小朋友们，你能帮乐乐找到答案吗？

思考分析

从故事中，我们知道每串彩灯是按 2 盏红灯、3 盏黄灯、4 盏绿灯的顺序排列的，也就是：$2+3+4=9$（盏），每一组有 9 盏。如果这串彩灯有 80 盏，按这样排列下去，我们可以这样进行计算：$80\div9=8$（组）……8（盏），一共有 8 组，还剩余 8 盏，我们将剩余的 8 盏灯画一画：

因此，我们可以确定最后一盏灯是绿灯。

拓展思路

如果按照“1 盏黄灯、2 盏红灯、3 盏绿灯”的顺序进行排列，第 45 盏彩灯是什么颜色？

答案提示

从故事中，我们知道每串彩灯是按 1 盏黄灯、2 盏红灯、3 盏绿灯的顺序排列的，也就是：________________________，________________________，我们将剩余的 _____ 盏灯画一画：

所以，第 _____ 盏灯是红色的。

智慧提升

生活中到处都存在一些简单的事物规律，希望小朋友们做个有心人，通过思考，不断发现这些规律，利用这些规律丰富我们的生活。

搭一搭

故事分享

飞飞自从会拼七巧板后，就更喜欢摆一摆、拼一拼的游戏了。这不，今天又要姐姐教他新游戏。姐姐思索了一会儿，拿出一捆小棒，让飞飞先估一估，再数一数。飞飞上二年级后，估算能力提升了许多，他估计的是20根，实际的数量是24根，只少了4根，真的是太厉害啦！24根小棒，怎么玩？姐姐提出搭一搭的要求：

1. 一根一根地搭。

2. 四根一组搭成十字架。

3. 三根一组搭成三角形。

不仅要搭出来，还要用算式表示每次搭一搭的过程。开始吧，加油！

思考分析

飞飞搭得可快了：一根一根地搭，每次 1 根，共搭了 24 次，24÷1 = 24，简单；搭十字架，每次 4 根，共搭了 6 次，24÷4 = 6，轻松完成；搭三角形，每次 3 根，共搭了 8 次，24÷3 = 8。“这么简单，我会啦！”飞飞开心地说。

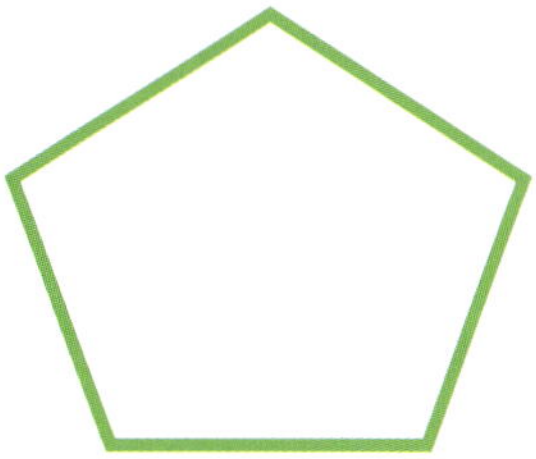

拓展思路

姐姐一看没有难倒飞飞，接着让飞飞搭一搭：

1. 五根一组搭成五边形。

2. 七根一组搭成七边形。

怎么搭？怎么用数学算式表示？有剩余吗？如果有，还剩几根小棒？

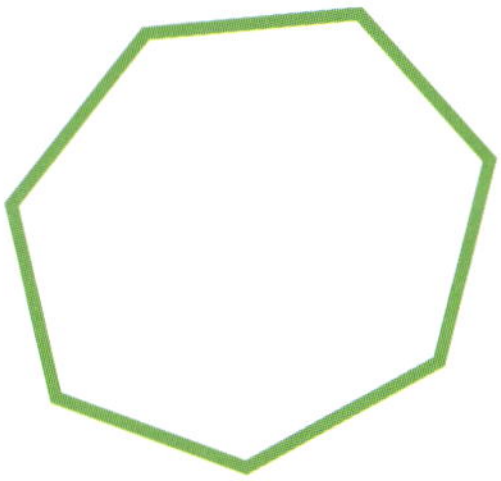

答案提示

搭五边形，每次 5 根，搭 4 次，还有 4 根没有用完，怎么办？

姐姐微笑着说："怎么表示呢？"飞飞默念道："24÷3 = 8，可是24÷5不会算啊？"姐姐说："刚刚搭了4次，还剩4根，这个4是余数，就是多余、剩余的意思。"飞飞恍然大悟，拍拍小脑瓜，又有问题了："怎么用算式表示呢？"只见姐姐写道：24÷5 = 4……4。"这么简单，我会啦！"

搭七边形，每次7根，搭3次，剩3根：________________，也就是搭成 ___ 个七边形，还剩 ___ 根小棒。

小朋友，你回答正确了吗？

智慧提升

日常生活中，分东西时经常会有剩余，这个剩余就是数学中的余数。温馨小提示：余数一定比除数小哦！

钉纽扣

故事分享

秋天到了，是开学的时间了，淘淘妈妈打算给淘淘做几件新衣服，最后一步需要把纽扣钉上去，盘子里一共有 25 颗扣子。淘淘妈妈看了看，一件衬衫需要钉 6 颗扣子，一件马甲需要钉 3 颗扣子。

如果只给衬衫钉扣子，最多能钉多少件？如果只给马甲钉扣子，最多能钉多少件？

思考分析

一共 25 颗扣子，只给衬衫钉扣子，一件衬衫需要 6 颗扣子，

那么，25÷6 = 4（件）……1（颗）。我们知道：可以钉 4 件衬衫，剩余 1 颗扣子，因为这 1 颗扣子不能再钉 1 件衬衫，所以只给衬衫钉扣子，最多能钉 4 件。

一共 25 颗扣子，只给马甲钉扣子，一件马甲需要 3 颗扣子，那么，25÷3 = 8（件）……1（颗）。我们知道：可以钉 8 件马甲，剩余 1 颗扣子，因为这 1 颗扣子不能再钉一件马甲，所以只给马甲钉扣子，最多能钉 8 件。

拓展思路

如果有 25 个同学在公园租游船，限 6 人乘坐一条船，至少需要租多少条船？

答案提示

根据题目中的条件，我们知道：25÷6 = 4（条）……1（个），乘船游玩，虽然还余出 1 个人，但余出来的 1 个同学就必须再租 1 条船。所以至少要租 ____ 条船。

智慧提升

我们在解决生活中实际问题的时候，要根据情况进行取舍，例如，钉扣子，剩余的扣子不能再钉一件衣服，所以就舍去；如果是租船，多余的人不能舍去，必须再租一条，所以要进 1。

淘淘带了多少钱

故事分享

今天是周末，淘淘和乐乐一起到游乐场玩耍。他们今天不玩别的，只玩捕鱼，所以径直朝着捕鱼处走去。到了捕鱼处，只见价目表上写着：

渔网 2 元一个

水桶 5 元一个

每人收费 15 元，时间不限

淘淘拿出自己口袋里的钱数起来，乐乐问："淘淘，你带了多少钱？够我们两个人玩吗？"淘淘故弄玄虚地说："不告诉你，不过我带的钱最多可以买 9 个水桶，而且还有剩余，你猜我带了多少钱。"乐乐想了想，很快有了答案："你带的钱在 46 元到 49 元之间。"淘淘笑了笑，说："你真聪明，我带了 48 元。怎么样，这些钱够我们两个玩的吧？"说着，两人到售票处买了两张票、两个水桶、两个渔网，开始了他们的捕鱼大赛。

小朋友，你知道乐乐是怎样猜出淘淘有多少钱的吗？

思考分析

故事中淘淘说自己带的钱最多可以买 9 个水桶还有剩余，但没有说具体还剩多少钱，那么淘淘剩的钱就有可能是 1 元、2 元、3 元或是 4 元，这样一来淘淘带的钱就可能是 $5\times9+1=46$（元），$5\times9+2=47$（元），$5\times9+3=48$（元），$5\times9+4=49$（元），所以乐乐断定淘淘带的钱在 46 元到 49 元之间。

拓展思路

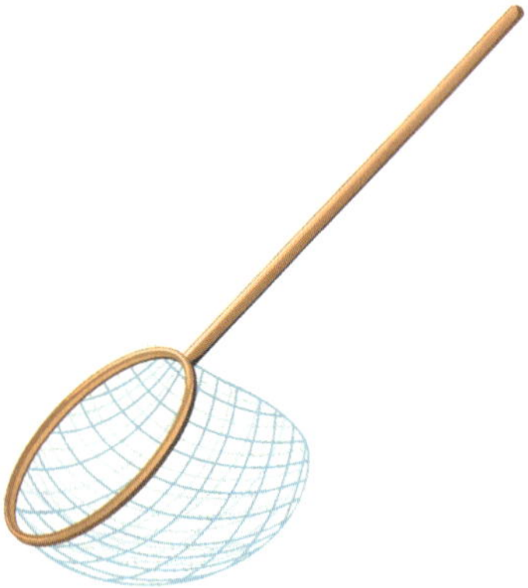

被除数最大是多少？

□ ÷7 = 8……□

答案提示

这是一个有余数除法的问题，因为被除数＝除数 × 商＋余数，现在除数和商已经确定，那么要想使被除数最大，余数就要最大，根据余数和除数的关系（余数＜除数），可以得出余数最大是 6，这样就可以得到被除数最大是 ______________。

智慧提升

在解决有余数的除法问题时，我们要明确余数必须比除数小，我们可以利用除法各部分之间的关系巧妙地解决问题。

摆花盆

故事分享

放学了，淘淘和乐乐在回家的路上，看到一些工人正在用花盆装扮道路两侧的人行道。原来是国庆节快到了，难怪大街上这么热闹呢！淘淘和乐乐也想为城市做点儿贡献，就主动上前要帮工人叔叔的忙。叔叔看到两个热心的小学生来帮忙当然高兴，但问题也来了："你们两个知道花应该怎么摆吗?"淘淘和乐乐看了看叔叔摆好的花盆，发现是2盆黄色的，3盆红色的，2盆黄色的，3盆红色的……"叔叔，这些花是按2黄3红这样的规律摆的，对吗?"叔叔听了直点头："你们两个真是既热心又聪明的好孩子。”按照规律，淘淘和乐乐立刻行动起来，两人一边劳动还一边交流。淘淘说：“乐乐，你知道第 22 盆花是什么颜色吗？”乐乐很快有了答案：“难不倒我，当然是黄色了。”听了乐乐的回答，一旁的叔叔都惊呆了：“小朋友，你这么快就知道答案了，真是神了！”听了叔叔的夸奖，乐乐都不好意思了。小朋友，你知道为什么第 22 盆花是黄色的吗？

思考分析

对于第 22 盆花是什么颜色的问题，我们可以通过画图来解决（○表示黄色，△表示红色）：

○○△△△○○△△△○○△△△○○△△△○○△△△

↓

第 22 盆是黄色的

除了画图，我们还可以通过计算的方法来解决。从故事中我们可以发现，摆花的规律是 2 黄 3 红，也就是说每 5 盆一组，问第 22 盆花是什么颜色，就是看 22 里面有几个 5。通过计算可以得到 22÷5 = 4（组）……2（盆），也就是说 22 盆里面摆了 4 组 2 黄 3 红还多了 2 盆。每组中的第 2 盆是黄色，所以第 22 盆就是黄色的。

拓展思路

乐乐也问了淘淘一个问题：“你知道第 43 盆花是什么颜色吗?”

答案提示

这个问题我们同样可以采用画图或计算的方法来解决：

○○△△△○○△△△○○△△△○○△△△○○△△△○

○△△△○○△△△○○△△△

↓

第 43 盆是红色的

但当数字比较大时，我们一般采用计算的方法：

43÷5 = 8（组）……3（盆）

余数是 3，所以第 43 盆是红色的。

智慧提升

在利用除法解决有规律的问题时，我们往往先找到每一组的个数，把个数作为除数，然后看除法算式的余数，余数是几，就是每组中的第几个。

数黄豆

故事分享

周末，乐乐邀请淘淘到家里做客，两个小朋友玩玩具枪、玩赛车、打羽毛球，大汗淋漓，开心极了。休息时，淘淘看到餐桌边放了个小小的袋子，甚是好奇，乐乐就打开让淘淘看：哇，里面全是黄豆！乐乐妈妈看到两位小朋友很感兴趣，就说："你们俩洗一洗小手，各抓一把黄豆，先估一估有多少粒，再数一数有多少粒，谁估得更接近，谁就赢。"这立刻就激发了他们的求胜欲，乐乐先抓一把："我的手太小，大约 20 粒吧。"淘淘紧随其后："我的手大一些，差不多有 30 粒吧。"乐乐妈妈笑眯眯地说："现在你们来数一数吧。"淘淘的黄豆是28粒，乐乐的黄豆是25粒，小朋友们，他俩谁赢了？

思考分析

乐乐妈妈说："乐乐估计的数是20，实际的数是25，25 − 20 = 5，误差是5；淘淘估计的数是30，实际的数是28，30 − 28 = 2，误差是2。谁的误差小，谁就赢了。所以，恭喜淘淘，你估计得更接近，你赢啦！"淘淘高兴地和乐乐击掌："耶！"

拓展思路

"现在，我来抓一把黄豆，你们先来估一估。"乐乐妈妈说完伸手抓了一把黄豆，放在他们面前。"妈妈的手大，肯定不止30粒，我猜50粒。"乐乐率先表态，淘淘一副若有所思的模样："阿姨拿的应该不止50粒，我猜80粒。"小朋友，你觉得谁会赢？

答案提示

结果，妈妈的手中有128粒黄豆，淘淘和乐乐估计的误差分

别是 ________________，________________，误差都很大哦！相比之下淘淘的误差更小，所以还是淘淘赢了。可是两位小朋友都不开心，因为这次估计得太不准确了，怎么能估计得跟实际数量更接近呢？这时，乐乐妈妈笑着说：“我们多估几次就有经验了。”

智慧提升

估计数的大小是培养估算意识的第一步，估算是数学学习的重要内容。估计数的大小，有时估得准，有时估得不准，这就需要多多联系生活实际，把数学带到生活中去，善于发现生活中的数学。

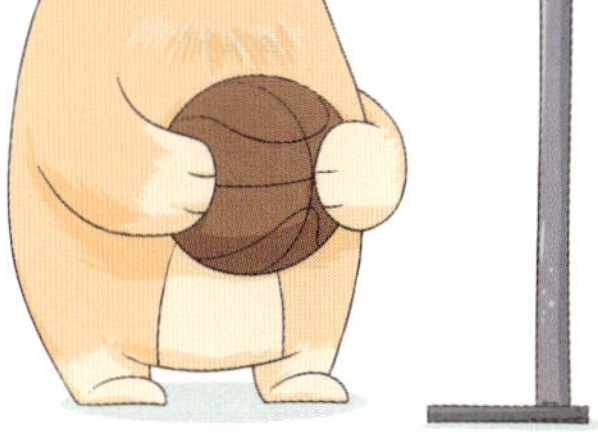

曹冲称象的启示

故事分享

淘淘最近迷上了看历史故事，而且最近在语文课本里又学习了《曹冲称象》这篇课文，大家都在佩服小小的曹冲既勇敢又聪明。数学老师也说了曹冲所用的方法是“等量替换”。用许多石头代替大象，在船舷上刻画记号，让大象与石头产生等量的效果，再一次一次称出石头的质量，使“大”转化为“小”。

那么，大象到底有多重呀？总不能说有几块石头重吧。所以淘淘约上好朋友飞飞、乐乐一起去动物园一探究竟。到了动物园，看到可爱的大象正卷着鼻子吃东西呢。饲养员叔叔刚出来，淘淘就跑过去问：“叔叔，大象到底有多重呀？曹冲也没说石头有多重。”饲养员叔叔笑了，这些孩子太可爱了：“那叔叔帮帮你们。”

叔叔找来两条船，按照曹冲称象的方法进行了实验。一共用了6块石头，分别是410千克、295千克、208千克、493千克、398千克、199千克。叔叔问：“你们能自己算出来吗？”“我们没有带纸笔呀，也没带计算器。”飞飞说：“我有办法，大约是2000千克。”“哇，飞飞你好棒呀，

你是怎么算出来的呀？还这么快。”饲养员叔叔伸出大拇指：“这个小朋友太聪明了！”小朋友们，你们知道飞飞是怎样快速计算出结果的吗？

思考分析

飞飞用的是估算的方法，把 208 和 199 估计成 200，295 估计成 300，410 和 398 估计成 400，493 估计成 500，200 + 200 + 300 + 400 + 400 + 500 = 2000（千克），所以大约是 2000 千克。

拓展思路

实验完成后，淘淘他们要帮叔叔把石头从船上用筐抬下去，如果只有 1 个筐，每个筐最多能装 700 千克，最少需要运几次？

答案提示

________________________，________________________，

________________________，最少需要运____次。

智慧提升

估算在生活中能帮助我们快速解决问题，在估算时一定要估算到更接近原数的整十或整百数，这样便于我们进行合理的安排，提高工作效率。

推理问题

故事分享

在数学课上，张老师设置了学生出题的环节。本节课的主要内容是推理问题，张老师首先邀请了淘淘走上讲台。

张老师把红、白、蓝三个气球送给了乐乐、飞飞、慧慧三位小朋友，然后对淘淘说："我有一道题目，请你仔细想一想。根据下面三句话，请你猜一猜他们分到的各是什么颜色的气球。"

1. 乐乐说我分到的不是蓝气球。

2. 飞飞说我分到的不是白气球。

3. 慧慧说我看见张老师把蓝气球和红气球分给上面两

位小朋友。

淘淘说："这个简单。根据第一句话，我能推出乐乐的气球可能是白色或者红色。再根据第三句话，慧慧说张老师把蓝气球和红气球分别给了乐乐和飞飞，就能得出慧慧的气球一定是白色的，而结合第一句话，乐乐的气球就是红色的。最后，飞飞的气球不是白色，也不是红色，那一定是蓝色的。"

淘淘回答完，同学们的掌声热烈地响了起来。

淘淘对全班同学说："我也有一道题目，请大家仔细想一想。慧慧、乐乐和飞飞三个小朋友比大小。根据下面两句话，请你猜一猜，谁最大，谁最小？"

1. 慧慧比乐乐大三个月。

2. 飞飞比慧慧小一个月。

听完淘淘的题目，大家很容易就猜出了结果。请你试一试吧！

思考分析

在淘淘出的题目中，虽然只有两个条件，但是我们很容易发现两个条件中，乐乐与飞飞都分别与慧慧进行了比较。

根据“慧慧比乐乐大三个月”“飞飞比慧慧小一个月”，我们很容易就能得出，慧慧最大，飞飞第二，乐乐最小。

拓展思路

淘淘继续说：“别急，还有一道题目呢！慧慧、乐乐和飞飞三个人在赛跑，慧慧说：‘我跑得不是最快的，但是比飞飞跑得快。’请你说一说，谁跑得最快？谁跑得最慢？”

答案提示

在淘淘出的这个题目中，仍然只有两个条件，我们也能根据信息去进行比较。

慧慧说：“我跑得不是最快的，但是比飞飞跑得快。”从这句话中，我们就能得出 ________ 跑得是三个人中最慢的，慧慧比飞飞快，但不是最快的，因此 ________ 第二，那么 ________ 就是第一了。

智慧提升

推理是学习数学的有效方法。直接推理，即从一个判断（前提）直接可以推导出下一个新判断（结论）。而前提和结论之间是无须论证的，其理自明。我们在推理的时候，需要认真比较，找准突破口。

心有灵犀的扑克牌

故事分享

淘淘是个喜欢探索的孩子，最近，他在游乐场观看了精彩的魔术表演后，就深深地爱上了魔术。看到魔术师们的表演，他羡慕极了，并且下定决心自己也要做个魔术师。于是，他利用课余时间开始了自己的魔术学习与探索之旅。经过一段时间的学习，这一天，他把好朋友们召集在一起：“下面由我为大家表演一个魔术，魔术的名字是神奇的心灵感应扑克牌。”他把手中的扑克牌分成两堆，乐乐从淘淘左手选出一张扑克牌，放在淘淘右手的扑克牌里。只见淘淘请乐乐对着扑克牌吹了一口气，淘淘一下就猜出了乐乐选中的扑克牌！这让乐乐惊讶坏了，淘淘真的有心灵感应吗？

其他人也要上前试一试，只见淘淘自信满满地说："没关系，我还有很多魔术呢！"他让乐乐、飞飞、强强、花花每人抽取一张扑克牌，自己也抽了一张。他胸有成竹地说："我们5个人中，一定至少有2个人的扑克牌是同一种花色。"大家都是半信半疑，于是，一起亮出自己的扑克牌一看，哇，真的是啊！强强和花花的扑克牌是同一种花色呢！

思考分析

淘淘真的是预言家吗？他和别的小朋友真的有心灵感应吗？小朋友们，其实在这两个魔术里隐藏着数学知识呢！想一想，扑克牌有什么特点？一副扑克牌一共有54张，除去大王、小王一共有 52 张。在这 52 张扑克牌里有 4 种花色，方块、红心、黑桃、梅花。它们都是 1 ～ 13 的排列。现在，你有启发了吗？

在第一个魔术中，淘淘左手里的扑克牌全部都是红色，右手里的扑克牌全部都是黑色，所以乐乐从淘淘左手里抽走一张扑克牌放在淘淘右手里，那么颜色不一样的扑克牌自然就是乐乐抽走的那张啦！

在第二个魔术里，扑克牌一共有 4 种花色，可是 5 个人去抽扑克牌，如果前 4 个人每人抽走 1 种花色，第 5 个人在抽扑克牌时，一定会和前面某个人的花色一样。所以，第二个魔术里至少会有 2 个人扑克牌的花色一样。

拓展思路

小朋友们，**在探究事物的奥秘时，我们可以再回到事物本身的特征去思考，**可能会有所启发哦。淘淘在变魔术时是利用了扑克牌自身的特点。

将 4 支笔放入 3 个笔筒中，你觉得会有一个笔筒里至少有 2 支笔吗？想一想，拿起你的笔验证一番吧！

答案提示

如果把 4 支笔放入 3 个笔筒中，无论放在哪个笔筒，势必有一个笔筒里有 ______ 支笔。

智慧提升

小朋友们，这样的魔术是不是很有意思？这就是简单的抽屉原理，只要你明白了其中的道理，我们就可以利用它使数学更有魔力。

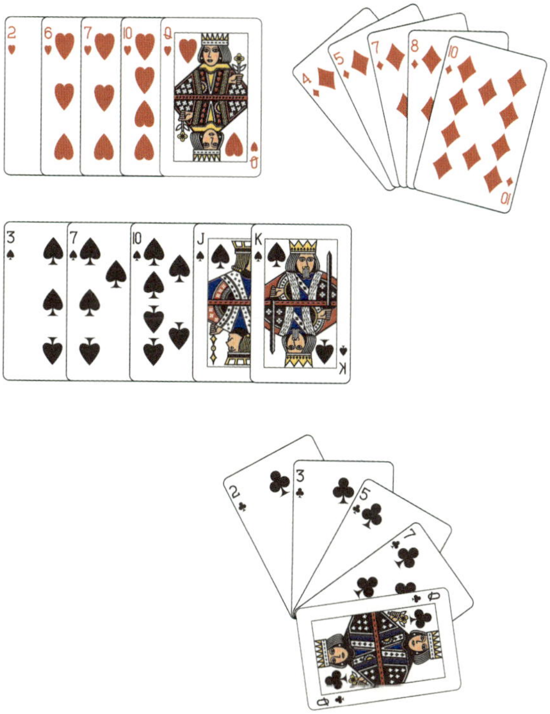

妈妈的手链

故事分享

周末，淘淘、乐乐、飞飞去花花家玩，花花的妈妈准备给大家做一顿好吃的。做饭前妈妈把刚买的手链摘下来放在了桌子上，花花拿起手链对朋友们说："你们看，这是我爸爸送给妈妈的生日礼物，还是定制的呢，可漂亮了。"小朋友们都凑上去看，淘淘、乐乐争相伸手去拿，两人拉扯之间手链一下子断开了，漂亮的珠子滚了一地，小朋友们都愣住了，花花一下子哭了起来："这可怎么办呀，爸爸送给妈妈的，妈妈才戴了两天就被你们弄坏了。"飞飞赶紧说："别哭别哭，我们可

以想办法去修复，快点儿先把珠子都捡起来。”

大家快速地把地上、桌子和沙发下面的各种珠子捡回来，但这些珠子可怎么串呀？而且珠子的数量够不够呀？一旁的飞飞说：“我有办法知道珠子够不够，你快去拿红绳来。”

花花的妈妈听到动静也来到客厅：“孩子们不要急，我们一起来串。这些珠子买的时候是按2颗红玛瑙、1颗金珠、1颗珍珠的顺序串起来的，但多少颗记不住了。”飞飞拿出纸在上面画画算算，然后又分别数了数珠子，最后说：“我知道了，现在少了1颗珍珠。”

大家都好奇地问飞飞怎么确定是少了1颗珍珠。飞飞说：“咱们先找，找到了我再告诉大家。”

妈妈拿来吸尘器吸了一遍客厅，果然在花盆架的下面找到了 1 颗珍珠。同学们，你们知道飞飞是怎么知道少了 1 颗珍珠吗？

思考分析

飞飞说，他是根据手链的搭配规律算出来的。它的规律是 2 颗红玛瑙、1 颗金珠和 1 颗珍珠，4 颗珠子为一组。我们第一次找到的珠子一共 27 颗，红玛瑙有 14 颗，金珠有 7 颗，珍珠有 6 颗，按照每组的规律，金珠的数量应该和珍珠的一样多，现在珍珠只有 6 颗，那就是少了 1 颗。

拓展思路

飞飞问淘淘和乐乐：“你们再算一算，如果这样一直串下去，第 58 颗珠子是什么珠子？还有，你们两个今天太莽撞了，罚你们两个一会儿去帮阿姨刷碗。”

答案提示

58÷4 = 14……2，因为一组是 4 颗珠子，58 里面包含了 14 组，余下 2 就是一组里的第 ____ 颗，那就是 ____ 玛瑙了。

智慧提升

小朋友们，在学习和生活中，常常会碰到突发事件，遇到事情不能急，一定要静下心来，想出解决问题的方法。我们学过的很多数学知识都可以学以致用，开动脑筋让我们做一个聪明的孩子吧。

答　案

P016　乙　丙　丙　丙

P020　1　1

P021　16

P027　15 + 45 = 60（元）　50　10

P030　四　五　六

P046　1 + 3 + 4 = 8　42 − 8 = 34

P050　1、2

P053　30

P056　13　13　13

P059　4

P063　3 + 6 + 1 = 10（种）

P087　4×3 = 12（根）

P090 $5\times2=10$（根） $4\times4=16$（根） $6\times4=24$（个）

P093 $72\div36=2$（元） 2

P096 $2\times6+4+8=24$ $8\div4\times2\times6=24$

$6\div(4\div2)\times8=24$

P099 $(36+18)-10=44$（个）

P103 $33+15=48$（人） 3 3

P106 16 14 20 18 $6\times1+8\times1=14$（元）

P110 $1+2+3=6$（盏），$45\div6=7$（组）……3（盏） 3

P111 45

P114 $24\div7=3$……3 3 3

P116 5

P120 $7\times8+6=62$

P127 $128-80=48$，$128-50=78$

P133 $208+410=618$（千克），$295+398=693$（千克），

$493+199=692$（千克） 3

P136 飞飞 慧慧 乐乐

P141 2

P145 2 红

阅读收获

亲爱的小朋友，请你找出本书中最喜欢的一个数学故事，然后画出这个故事，或用连环画的形式呈现你的阅读收获。我们期待你的精彩展示呦！

学校：__________ 班级：__________ 姓名：__________

数学阅读奠基学生的终身发展

（代后记）

阅读是一个人的基本学习能力，也是儿童精神成长的重要途径。而数学是一个魅力多姿的世界，如何在阅读中走向多彩的数学世界，我们进行着数学阅读的探索。本套丛书中的故事充满童趣，与学生生活实际紧密结合，让大家体会到数学的广泛应用。书中的数学故事以数学知识为明线，以数学核心的思想方法为暗线，注重通过故事介绍高观点背景下的深入思考，注重教会孩子思考的方法和策略，真正在智慧阅读中学数学、用数学、玩数学。

2019 年，《魔力数学》（4 册）出版后得到了广大教师、学生和家长的厚爱，不断重印。同时，它走出国门，输出到阿联酋。该套丛书荣获 2019 年中南六省优秀教育读物一等奖，入选 2020 年浙江省书香工程推荐书目、2020 年河南省中小学图书馆推荐书目等。数学阅读的研究成果荣获河南省基础教育教学成果奖，研究成果先后在浙江省、山东省、河南省、四川省、新疆维吾尔自治区、内蒙古自治区、海南省等多个省区进行推广，受到了大家的一致好评。

我们名师工作室接待了国培、省培教师，展示了数学阅读的课例和专题报告；开展了中原名师工作室省级名师、省级骨干教师研修专题讲座；并与河南省新密市、洛阳市瀍河区、尉氏县等地组建数学阅读联盟。

数学阅读课程辐射到名师工作室研修教师及所在学校；引领河南省新郑市“名家育名师”基地校研修，聚焦数学阅读深耕；开辟数学阅读专题微信群，围绕数学阅读主题研讨交流。

2017 年 5 月，郑州教育电视台对我的数学阅读研究进行专题报道；2018 年 4 月，他们再次聚焦数学阅读的教与学进行跟踪报道。2017 年 10 月，我撰写的《数学课外阅读的教育魅力》发表在《教育时报》上。

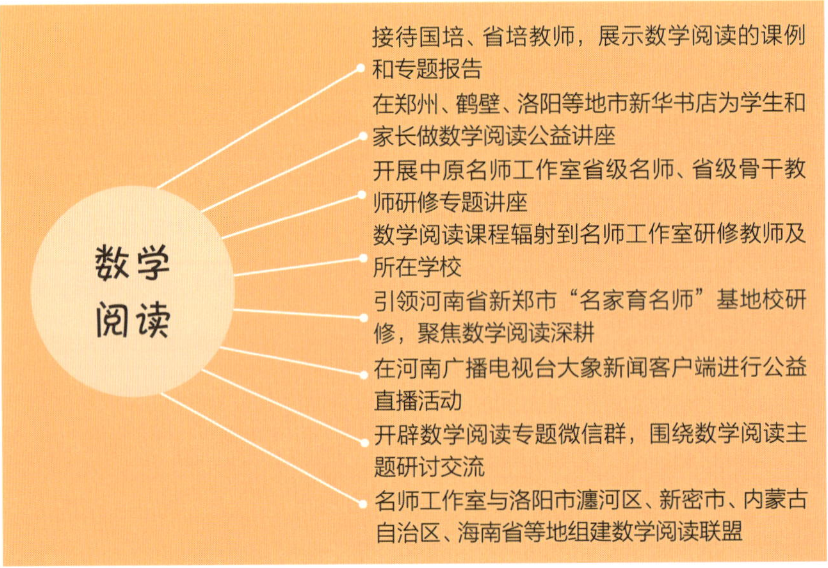

今天，根据读者反馈及调研，大象出版社决定将 4 册《魔力数学》修订为 6 册，设置“淘淘”“乐乐”“飞飞”“花花” 4 个 IP 形象，采用彩色印刷，搭配优美插图，按照国标规范设计字号。此次修订，针对性更强，内容更完善，装帧更精美，提高了丛书的品质。同时，我们将 2022 年新课标的理念融入修订工作中，更突显数学核心素养。

如果说，我在数学阅读方面有那么一点点思考的话，首先，我要感谢蔡金法教授、刘坚教授、王明明老师、王永老师等新世纪小学数学教材编写组的专家，是他们给予我无私的帮助和指导，是他们在繁忙的教学、科研任务之余抽出大量时间，付出大量精力，精心指导我做好数学阅读。同时，我也要感谢全国新世纪小学数学杰出人才第三届高级研修班的同学们，感谢他们无私的帮助和鼓励。

感谢校讯通为我搭建了更宽广的平台，作为校讯通第六届、第七届、第八届、第九届、第十届数学阅读专家评委，我在引领数学阅读的同时也汲取着老师们的智慧，这也促使我不断在数学阅读的旅程中行进着。

感谢洛阳市瀍河区的尚丽花老师、新密市的宋伟琴老师、漯河市源汇区的邢燕老师、新郑市龙湖镇小乔完全小学数学基地校等将《魔力数学》作为数学阅读读本进行区域探索。非常感谢很多志同道合的同人们慕名而来，一起进行数学阅读的教与学。

感谢我所在单位郑州市金水区实验小学、郑州市金水区金桥学校的领导和同事，是他们为数学课外阅读的开展提供了实践的沃土。

感谢《小学生学习报》编辑汪录辽、秦建华老师的关心，并在该报开辟专栏刊载；感谢校讯通的谢君、赵娜老师提供了修改、完善数学故事的建议；感谢宋君小学数学名师工作室研修团队给予的帮助；感谢大象出版社编辑梁金蓝老师为本套丛书的出版所付出的大量心血。同时，感谢一直在身后默默无闻支持我的妻子，正是她无私的奉献，使我有了更多的时间把自己的想法和思考进行梳理，分享给更多的人。

最后，感谢名师工作室将数学阅读作为专题进行研究。请允许我将名师工作室第二届、第四届研修教师名单列于此。名师工作室第二届研修教师：穆桂鹤、魏霞、刘英杰、徐雪华、张文艳、陈伟伟、任庆涛、张艺、韩晓彤、李国建。名师工作室第四届研修教师：刘英杰、张艺、韩晓彤、李倩、梁海霞、刘婵、刘莹莹、喻海游、黄文倩、胡慧芳、刘亚楠、肖菲菲、张龙辉、张婷、李芳芳、刘娟、王鹏鹤、苌婷、李果、张曼佳、蒋飞、夏春艳、苏蒙蒙、岳冲冲、王改霞、王倩玉、杨利利、乔花花。

阅读带来快乐，快乐产生兴趣，兴趣开启智慧，智慧引领发展。让我们一起进行数学阅读，一起踏上智慧阅读之旅，一起分享数学阅读的快乐。让阅读引领精彩，奠基学生的终身发展。

限于本人水平有限，写作中难免有不妥之处，欢迎大家批评指正。

宋　君